한국산업인력공단 최근 출제기준에 따른 최신판!!

완전합격 한번에 끝내주기
양식조리기능사 실기시험문제

집필 교수님

김 명 희

- 경기대학교 외식경영학 박사
- 국가공인 조리기능장
- 대아농원 대표
- 한국능력교육개발원 외래교수
- 신구대학교 외래강사
- 한국전통음식연구소 외래강사
- 국가기술자격검정 실기시험감독위원
- 〈저서〉 팔도명가내림음식, 완전합격 양식조리기능사 실기, 조리기능사 필기, 건강차가 내 몸에 최고

하 재 만

- 경기대학교 관광학 박사
- 전) 서울 르네상스호텔조리부 근무
- 전) 사) 한국외식경영학회 부회장
- 현) 제이엠 출장부페 대표
- 현) 사) 한국조리사회 중앙회 감사
- 현) 사) 한국관광연구학회 부회장
- 현) 사) 힐링외식채움진흥원 원장
- 〈저서〉 완전합격 한식조리기능사 실기 공저, 외식 주방관리론

이 책에 도움을 주신 분

촬영연구원_ 이미진, 이규영, 박영은
촬영_ 디자인 뷰 이지은 실장
동영상제작_ 통거뮤니케이션

'양식조리기능사 실기시험문제'를 펴내며……

IT의 발달로 세계의 식문화도 시간과 공간을 초월하여 모니터 하나로 통하는 최첨단 시대를 우리는 살고 있습니다. 이런 다양한 정보의 혜택으로 음식도 여러 가지 모습으로 재창조되어가며 퓨전스타일의 음식들이 날로 늘어 가고 있습니다.

삶의 질이 높아감에 따라 먹거리에 대한 욕구도 시대의 변화만큼 급변하고 있습니다. 양식조리사의 꿈을 가지고 양식조리기능사 시험에 도전하는 수험생들은 이 교재를 통해 조리사로서의 기본을 잘 갖추고 분자요리, 디저트, 퓨전요리와 같은 다양한 분야의 역량 있는 전문인으로 성장하는 데 밑거름이 되리라 생각합니다.

이 교재는 한국산업인력공단에서 실시하는 양식조리기능사 자격검정시험을 대비하여 만들어졌으며 최근 개정된 30가지 실기 출제문제를 분석하고, 조리과제에 대한 상세한 설명과 실습노하우를 동영상에 수록하여 독자 스스로 실습이 가능하도록 하였습니다. 실기시험의 채점과 연관된 중요한 합격 포인트를 수록하여 보다 높은 점수를 받는 데 도움이 되도록 하였습니다. 한편 이 교재는 저자가 양식 실습강의를 하면서 쌓은 경험을 토대로 수험생들이 실습하는 데 쉽게 이해할 수 있도록 자세한 설명으로 구성하였습니다.

이 교재를 통해 수험자 모두가 합격하여 최고의 전문 조리사가 되길 간절히 희망하며 부족한 부분은 계속 수정·보완하여 더욱 양식조리기능사 분야에 충실한 교재가 될 수 있도록 최선을 다해 노력하겠습니다.

끝으로 이 교재를 만드는 데 있어 촬영에 참여하여 애쓰신 후배 이미진 선생님, 이규영 선생님, 박영은 선생님, 김세원 선생님, 정유현님과 디자인 뷰 이지은 실장님께 진심어린 감사의 마음을 전하며, 출판을 허락하고 용기를 주신 크라운 출판사 이상원 회장님과 편집부 임직원 모두에게 감사드립니다.

저자 드림

CONTENTS

INTRO

머리말 3
양식조리기능사 실기시험 안내 6
양식조리기능사 실기시험 출제기준 8
양식조리기능사 직무 개요 14
수험자 위생복 착용 요령 34

Part 01 서양요리의 개요

01. 서양요리의 개요와 역사 38
02. 서양요리의 식사예절 41
03. 기본 조리법 및 조리용어 43
04. 서양요리에 사용되는 채소 47
05. 서양요리의 조미료 및 향신료 53
06. 조리 기본 썰기 용어 58
07. 식품의 계량법 60
08. 식품 중량표 61

Part 02 양식조리기능사 실기편

01. 치즈오믈렛 64
02. 스페니쉬오믈렛 66
03. 쉬림프 카나페 68
04. 샐러드 부케를 곁들인 참치 타르타르와 채소 비네그레트 70
05. 브라운 스톡 72
06. 피시차우더 수프 74
07. 비프콘소메 수프 76
08. 프렌치 어니언 수프 78
09. 미네스트로니 수프 80
10. 포테이토 크림 수프 82
11. 브라운 그래비 소스 84
12. 홀렌다이즈 소스 86
13. 타르타르 소스 88
14. 이탈리안 미트 소스 90
15. 월도프 샐러드 92

16. 포테이토 샐러드 94
17. 해산물 샐러드 96
18. 시저 샐러드 98
19. 사우전아일랜드 드레싱 100
20. 프렌치 프라이드 쉬림프 102
21. 비프스튜 104
22. 바비큐 폭찹 106
23. 서로인 스테이크 108
24. 살리스버리 스테이크 110
25. 치킨 커틀렛 112
26. 치킨 알라킹 114
27. BLT 샌드위치 116
28. 햄버거 샌드위치 118
29. 스파게티 카르보나라 120
30. 토마토소스 해산물 스파게티 122

Part 03 손님을 위한 상차림

01. 과일 카프레제 126
02. 요거트 소스를 곁들인 흰살생선 샐러드 127
03. 오렌지 소스를 곁들인 닭가슴살 샐러드 128
04. 발사믹 소스를 곁들인 구운 가지 훈제연어롤 129
05. 머쉬룸 크림 수프 130
06. 완두콩 채소 수프 131
07. 브로콜리 수프 132
08. 피쉬타코 133
09. 버팔로윙 134
10. 치킨 커리 135
11. 클럽 샌드위치 136
12. 넙치 스테이크 137
13. 돼지안심 커틀렛 138
14. 바비큐 립 139
15. 마리네이드한 관자와 게살 칠리 소스를 곁들인 새우 140
16. 머스캣 젤리 141
17. 오렌지 셔벳 142

01 양식조리기능사 실기시험 안내

1. 수행직무

양식조리에 배속되어 제공될 음식에 대한 계획을 세우고 조리할 재료를 선정·구입·검수하고 선정된 재료를 적정한 조리기구를 사용하여 조리업무를 수행한다. 또한 음식을 제공하는 장소에서 조리시설 및 기구를 위생적으로 관리·유지하고, 필요한 각종 재료를 구입, 위생학적·영양학적으로 저장·관리하면서 제공될 음식을 조리하여 제공하는 직종이다.

2. 자격시험 안내

2012년부터 양식조리기능사 필기, 실기시험은 상시검정으로 변경되어 시행된다.
1) 실시기관명 : 한국산업인력공단
2) 실시기관 홈페이지 : http://www.q-net.or.kr
3) 응시자격 : 필기시험 합격자, 국가기술자격법 시행규칙 제18조 필기시험 면제 대상자
4) 시험과목
    ① 필기 : 양식 재료관리, 음식조리 및 위생관리
    ② 실기 : 양식조리실무
5) 검정방법
    ① 필기 : 객관식 4지 택일형, 60문항(60분)
    ② 실기 : 작업형(70분 정도)
6) 합격기준 : 100점 만점에 60점 이상
7) 수검원서 교부 및 접수
    ① 원서 교부 장소 : 한국산업인력공단, 각 지방사무소
    ② 원서 접수 장소 : 한국산업인력공단
    ③ 원서 접수 기간 : 상시 시험일정은 한국산업인력공단 홈페이지
       (http://www.q-net.or.kr)에서 상시 시험란 참조

3. 실기시험 진행방법

① 정해진 실기시험 일자와 장소, 시간을 정확히 확인한 후 지정된 시험시간 30분 전에 시험장에 도착하여 수험자 대기실에서 대기한다.
② 조리복 착용 후 출석을 확인하고 등번호를 배정받아 대기실에서 실기시험장 내로 이동한다.
③ 각자의 등번호와 같은 조리대를 찾아 개인 준비물을 꺼내 놓고 정돈하면서 준비요원의 지시에 따라 시험 볼 주재료와 양념류를 확인하고 조리도구를 점검한다.
④ 지급재료 목록표와 본인이 지급받은 재료를 비교하여 차이가 없는지 확인하고 차이가 있으면 시험위원에게 알려 시험이 시작되기 전에 조치를 받도록 한다.
⑤ 수험자 요구사항을 잘 읽고 정해진 시간 내에 지정된 조리작품 2가지를 만들어 등번호표와 함께 제출하고 이어서 청소 및 정돈을 한다.

Western Food

4. 실기시험 진행 시 유의사항

① 지정된 수험자 지참 준비물 이외의 조리기구나 재료를 시험장 내에 지참할 수 없다.
② 지급재료는 시험 전 확인하여 이상이 있을 경우 시험위원으로부터 조치를 받고 시험도중에는 재료의 교환 및 추가지급은 하지 않는다.
③ 지급된 재료는 1인분의 양이므로 주재료 전부를 사용하여 조리하여야 한다.
④ 제시하는 작품은 2가지로 정해진 시간 내에 제출해야 한다. 시험시간 내에 과제 2가지를 제출하지 못한 경우 미완성으로 채점대상에서 제외한다.
⑤ 문제의 요구사항대로 작품의 수량이 만들어지지 않은 경우 미완성으로 채점대상에서 제외한다.
⑥ 구이를 찜으로 조리하는 등과 같이 요리의 형태를 다르게 만든 경우 오작으로 채점대상에서 제외한다. 해당 과제의 지급재료 이외의 재료를 사용하거나 석쇠 등 요구사항의 조리도구를 사용하지 않은 경우 오작으로 채점대상에서 제외한다.
⑦ 시험 중 시설·장비(칼, 가스레인지 등) 사용 시 감독위원 및 타수험자의 시험 진행에 위협이 될 것으로 감독위원 전원이 합의하여 판단한 경우 오작으로 채점대상에서 제외한다.
⑧ 불을 사용하여 만든 조리작품이 작품 특성에 벗어나는 정도로 타거나 익지 않은 경우 실격으로 채점대상에서 제외한다.
⑨ 가스렌지 화구 2개 이상(2개 포함) 사용한 경우 실격으로 채점대상에서 제외한다.
⑩ 작품을 제출한 다음 본인이 조리한 장소와 주변 등을 깨끗이 정리하고 조리기구 등은 정리정돈 후 감독위원의 지시에 따라 시험실에서 퇴장한다.

5. 실기시험 준비물

지참 공구명	규격	수량	지참 공구명	규격	수량
수험표, 신분증	–	각 1개	프라이팬	소형	1개
위생복	상의-백색, 하의-긴 바지	1벌	냄비	조리용	1개
위생모(머리수건)	백색	1개	나무주걱	소(小)	1개
앞치마	백색	1개	고무주걱	소(小)	1개
칼	조리용 칼(칼집 포함)	1개	테이블 스푼	–	2개
계량컵, 계량스푼	200ml, 사이즈별	1세트	연어나이프	–	1개
위생타올	면	1매	나무 젓가락	40~50cm	1세트
강판	조리용	1개	쇠조리(체)	조리용	1개
소창(면보)	30×30cm	1장	키친타올(종이)	주방용(소 18×20cm)	1장
랩, 호일	조리용	각 1개	이쑤시개	–	1통
도마	나무도마 또는 흰색	1개	다시백	10×12cm	1개
거품기	수동만 가능 (자동 및 반자동 불가)	1개	채칼(box grater)	중	1개
볼(bowl)	대, 중, 소	1세트	상비의약품 (손가락골무, 밴드 등)		1개
종이컵	–	1개			

6. 실기시험 합격자 등록안내

1) **합격자 발표** : 공고일로부터 60일 이내
2) **최종 합격자 자격수첩 교부** : 실기시험 최종 합격자는 한국산업인력공단 각 지방사무소에 준비물(수험표, 증명사진 1매, 수수료, 주민등록증)을 지참하여 조리기능사 자격수첩을 교부받는다.
3) **재교부** : 자격수첩 분실자 및 훼손자에 대하여 자격수첩을 재교부하는 것을 말하며, 재교부 신청 시는 당초 발급받은 사무소에 신청하면 당일 교부되며, 타 지방사무소에 신청하면 등록사항 조회기간만큼 지연된다.

> 한국산업인력공단 : www.hrdkorea.or.kr / www.q-net.or.kr
> 1. 고객센터 : 1644-8000
>   실기시험 수험사항 공고, 기타 검정일정, 직업교육훈련, 인력관리안내 등
> 2. 합격자 자동응답 안내 : 060-700-2009

02 양식조리기능사 실기시험 출제기준

실기 과목명	주요항목	세부항목	세세항목
양식 조리 실무	1. 양식 위생관리	1. 개인위생관리하기	1. 위생관리기준에 따라 위생복, 위생모, 위생화 등을 착용할 수 있다. 2. 두발, 손톱, 손 등 신체청결을 유지하고 작업수행 시 위생습관을 준수할 수 있다. 3. 근무 중의 흡연, 음주, 취식 등에 대한 작업장 근무수칙을 준수할 수 있다. 4. 위생관련법규에 따라 질병, 건강검진 등 건강 상태를 관리하고 보고할 수 있다.
		2. 식품위생관리하기	1. 식품의 유통기한ㆍ품질 기준을 확인하여 위생적인 선택을 할 수 있다. 2. 채소ㆍ과일의 농약 사용여부와 유해성을 인식하고 세척할 수 있다. 3. 식품의 위생적 취급기준을 준수할 수 있다. 4. 식품의 반입부터 저장, 조리과정에서 유독성, 유해 물질의 혼입을 방지할 수 있다.
		3. 주방위생관리하기	1. 주방 내에서 교차오염 방지를 위해 조리생산 단계별 작업공간을 구분하여 사용할 수 있다. 2. 주방위생에 있어 위해요소를 파악하고, 예방할 수 있다. 3. 주방, 시설 및 도구의 세척, 살균, 해충ㆍ해서 방제작업을 정기적으로 수행할 수 있다. 4. 시설 및 도구의 노후상태나 위생상태를 점검하고 관리할 수 있다. 5. 식품이 조리되어 섭취되는 전 과정의 주방 위생 상태를 점검하고 관리할 수 있다. 6. HACCP적용업장의 경우 HACCP관리기준에 의해 관리할 수 있다.

실기 과목명	주요항목	세부항목	세세항목
양식 조리 실무	2. 양식 안전관리	1. 개인안전관리하기	1. 안전관리 지침서에 따라 개인 안전관리 점검표를 작성할 수 있다. 2. 개인안전사고 예방을 위해 도구 및 장비의 정리 정돈을 상시 할 수 있다. 3. 주방에서 발생하는 개인 안전사고의 유형을 숙지시키고 예방을 위한 안전수칙을 교육할 수 있다. 4. 주방 내 필요한 구급품이 적정 수량 비치되었는지 확인하고 개인 안전 보호 장비를 정확하게 착용하여 작업하는지 확인할 수 있다. 5. 개인이 사용하는 칼에 대해 사용안전, 이동안전, 보관안전을 수행할 수 있다. 6. 개인의 화상사고, 낙상사고, 근육팽창과 골절사고, 절단사고, 전기기구에 인한 전기 쇼크 사고, 화재사고와 같은 사고 예방을 위해 주의사항을 숙지하고 실천할 수 있다. 7. 개인 안전사고 발생 시 신속 정확한 응급조치를 실시하고 재발 방지 조치를 실행할 수 있다.
		2. 장비·도구 안전작업하기	1. 조리장비·도구에 대한 종류별 사용방법에 대해 주의사항을 숙지할 수 있다. 2. 조리장비·도구를 사용 전 이상 유무를 점검할 수 있다. 3. 안전 장비류 취급 시 주의사항을 숙지하고 실천할 수 있다. 4. 조리장비·도구를 사용 후 전원을 차단하고 안전수칙을 지키며 분해하여 청소할 수 있다. 5. 무리한 조리장비·도구 취급은 금하고 사용 후 일정한 장소에 보관하고 점검할 수 있다. 6. 모든 조리장비·도구는 반드시 목적 이외의 용도로 사용하지 않고 규격품을 사용할 수 있다.
		3. 작업환경 안전관리하기	1. 작업환경 안전관리 시 작업환경 안전관리 지침서를 작성할 수 있다. 2. 작업환경 안전관리 시 작업장주변 정리 정돈 등을 관리 점검할 수 있다. 3. 작업환경 안전관리 시 제품을 제조하는 작업장 및 매장의 온·습도관리를 통하여 안전사고요소 등을 제거할 수 있다. 4. 작업장내의 적정한 수준의 조명과 환기, 이물질, 미끄럼 및 오염을 방지할 수 있다. 5. 작업환경에서 필요한 안전관리시설 및 안전용품을 파악하고 관리할 수 있다. 6. 작업환경에서 화재의 원인이 될 수 있는 곳을 자주 점검하고 화재 진압기를 배치하고 사용할 수 있다. 7. 작업환경에서의 유해, 위험, 화학물질을 처리기준에 따라 관리할 수 있다. 8. 법적으로 선임된 안전관리 책임자가 정기적으로 안전교육을 실시하고 이에 참여할 수 있다.
	3. 양식 기초 조리 실무	1. 기본 칼 기술 습득하기	1. 칼의 종류와 사용용도를 이해한다. 2. 칼을 숫돌을 이용해 칼날을 세울 수 있다. 3. 칼을 정확하게 쥐고서 다양한 식자재를 썰 수 있다. 4. 요리와 조리법에 따라 재료의 크기, 두께, 굵기를 일정하게 썰 수 있다. 5. 양식 조리작업에 사용한 칼을 일정한 장소에 정리 정돈할 수 있다.

실기 과목명	주요항목	세부항목	세세항목
양식 조리 실무	3. 양식 기초 조리 실무	2. 기본 기능 습득하기	1. 조리기물의 종류 및 용도에 대하여 이해하고 습득할 수 있다. 2. 조리에 필요한 조리도구를 사용하고 종류별 특성에 맞게 적용할 수 있다. 3. 계량법을 이해하고 활용할 수 있다. 4. 채소에 대하여 전처리 방법(Trimming Food Materials)을 이해하고 처리할 수 있다. 5. 어패류에 대하여 전처리 방법(Trimming Food Materials)을 이해하고 처리할 수 있다. 6. 육류에 대하여 전처리 방법(Trimming Food Materials)을 이해하고 처리할 수 있다. 7. 양식조리의 요리별 육수 및 소스를 용도에 맞게 만들 수 있다. 8. 양식 조리작업에 사용한 조리도구와 주방을 정리 정돈할 수 있다.
		3. 기본 조리방법 습득하기	1. 양식요리의 기본 조리방법의 종류와 조리방법을 이해한다. 2. 식재료 종류에 맞는 건열조리(Dry Heat Cooking)를 할 수 있다. 3. 식재료 종류에 맞는 습열조리(Moist Heat Cooking)를 할 수 있다. 4. 식재료 종류에 맞는 복합조리(Combination Heat Cooking)를 할 수 있다. 5. 식재료 종류에 맞는 비가열조리(No Heat Cooking)를 할 수 있다.
	4. 양식 스톡조리	1. 스톡재료 준비하기	1. 조리에 필요한 부케가르니(Bouquet Garni)를 준비할 수 있다. 2. 스톡의 종류에 따라 미르포아(Mirepoix)를 준비할 수 있다. 3. 육류, 어패류의 뼈를 찬물에 담가 핏물을 제거할 수 있다. 4. 브라운스톡은 조리에 필요한 뼈와 부속물을 오븐에 구워서 준비할 수 있다.
		2. 스톡 조리하기	1. 찬물에 재료를 넣고 서서히 끓일 수 있다. 2. 끓이는 과정에서 불순물이나 기름이 위로 떠오르면 걷어낼 수 있다. 3. 적절한 시간에 미르포아와 향신료를 첨가할 수 있다. 4. 지정된 맛, 향, 농도, 색이 될 때까지 조리할 수 있다.
		3. 스톡 완성하기	1. 조리된 스톡을 불순물이 섞이지 않게 걸러낼 수 있다. 2. 마무리 된 스톡의 색, 맛, 투명감, 풍미, 온도를 통해 스톡의 품질을 평가할 수 있다. 3. 스톡을 사용용도에 맞추어 풍미와 질감을 갖도록 완성할 수 있다.
	5. 양식 전채조리	1. 전채재료 준비하기	1. 적합한 콘디멘트(Condiments)를 준비할 수 있다. 2. 식욕을 돋우며, 전채메뉴 구성을 고려한 재료를 준비할 수 있다. 3. 전채 조리에 필요한 조리도구(Kitchen Utensil)를 준비할 수 있다. 4. 메뉴와 전채 조리에 필요한 조리법을 숙지할 수 있다.
		2. 전채 조리하기	1. 메뉴 구성에 알맞은 양의 전채를 준비할 수 있다. 2. 채소와 허브를 적절하게 사용할 수 있다. 3. 전채에 적합한 콘디멘트(Condiments)를 사용할 수 있다. 4. 메뉴와 어울릴 수 있는 조리법을 선택할 수 있다.

실기과목명	주요항목	세부항목	세세항목
양식 조리 실무	5. 양식 전채조리	3. 전채요리 완성하기	1. 요리에 알맞은 온도로 접시를 준비할 수 있다. 2. 색과 모양 그리고 여백을 살려 접시에 담을 수 있다. 3. 전채를 먹는 데 필요한 접시나 기물, 핑거볼을 제공할 수 있다. 4. 전채에 적합한 콘디멘트(Condiments)를 제공할 수 있다. 5. 마무리 된 음식의 색깔과 맛, 풍미, 온도를 통해 음식의 품질을 평가할 수 있다.
	6. 양식 샌드위치 조리	1. 샌드위치 재료 준비하기	1. 샌드위치의 종류에 따른 조직과 조각 모양을 갖는 빵을 준비할 수 있다 2. 샌드위치의 종류에 따라 스프레드 재료를 준비할 수 있다. 3. 속재료는 샌드위치 특성에 따라 준비할 수 있다. 4. 속재료와 어울릴 수 있는 가니쉬 재료를 준비할 수 있다.
		2. 샌드위치 조리하기	1. 모든 재료는 일의 흐름이 일직선이 되도록 집어 들기 편한 위치에 놓을 수 있다. 2. 샌드위치 종류에 따라 속 재료와 어울리는 가니쉬를 선택하고 만들 수 있다. 3. 더운 샌드위치에 어울리는 스프레드를 구분하여 발라 줄 수 있다. 속재료와 가니쉬를 넣어 만들 수 있다. 4. 찬 샌드위치에 어울리는 스프레드를 구분하여 발라 줄 수 있다. 5. 스프레드를 바른 샌드위치에 속재료와 가니쉬를 넣어 만들 수 있다.
		3. 샌드위치 완성하기	1. 샌드위치요리에 알맞은 온도로 접시를 준비할 수 있다. 2. 샌드위치를 다양한 썰기 방법으로 썰 수 있다. 3. 색과 모양 그리고 여백을 살려 접시에 담을 수 있다. 4. 샌드위치에 적합한 콘디멘트(Condiments)를 제공할 수 있다. 5. 마무리 된 음식의 색깔과 맛, 풍미, 온도를 통해 음식의 품질을 평가할 수 있다.
	7. 양식 샐러드조리	1. 샐러드재료 준비하기	1. 샐러드와 어울리는 드레싱 재료를 준비할 수 있다. 2. 샐러드용 재료를 적합한 용도와 특성에 맞게 전처리할 수 있다. 3. 샐러드 조리에 필요한 조리도구(Kitchen Utensil)를 준비할 수 있다.
		2. 샐러드 조리하기	1. 유화에 안정을 주는 재료와 식초, 기름을 넣어 안정된 상태로 만들 수 있다. 2. 드레싱의 특징에 맞는 허브와 향신료, 콘디멘트(Condiment)를 첨가할 수 있다. 3. 육류, 어패류, 채소, 곡류는 따로 익혀서 조리할 수 있다. 4. 필요한 경우 드레싱에 버무리기 전 양념할 수 있다.
		3. 샐러드요리 완성하기	1. 샐러드용 재료에 드레싱을 얹거나 버무릴 수 있다. 2. 메뉴에 알맞은 허브와 향신료, 콘디멘트(Condiment)를 선택하여 첨가할 수 있다. 3. 샐러드는 차갑게 제공할 수 있다. 4. 마무리 된 음식의 색깔과 맛, 풍미, 온도를 통해 음식의 품질을 평가할 수 있다.

실기 과목명	주요항목	세부항목	세세항목
양식 조리 실무	8. 양식 조식조리	1. 달걀 요리 조리하기	1. 달걀 요리에 맞는 재료를 준비할 수 있다. 2. 달걀 조리에 필요한 주방 도구(Kitchen Utensil)를 준비할 수 있다. 3. 달걀과 부재료를 사용하여 달걀 요리 종류에 맞게 조리할 수 있다. 4. 메뉴의 조리법에 따라 알맞은 부재료를 사용하여 완성할 수 있다. 5. 마무리 된 음식의 색깔과 맛, 풍미, 온도를 통해 음식의 품질을 평가할 수 있다.
		2. 조찬용 빵류 조리하기	1. 조찬용 빵류 조리에 맞는 재료를 준비할 수 있다. 2. 조찬용 빵류 조리에 필요한 주방 도구(Kitchen Utensil)를 준비할 수 있다. 3. 조찬용 빵재료와 부재료를 사용하여 조찬용 빵 종류에 맞게 조리할 수 있다. 4. 메뉴의 조리법에 따라 알맞은 부재료를 사용하여 완성 할 수 있다. 5. 마무리된 음식의 색깔과 맛, 풍미, 온도를 통해 음식의 품질을 평가할 수 있다.
		3. 시리얼류 조리하기	1. 시리얼류 요리에 맞는 재료를 준비할 수 있다. 2. 시리얼류 조리에 필요한 주방 도구(Kitchen Utensil)를 준비할 수 있다. 3. 시리얼류와 부재료를 사용하여 시리얼류 요리 종류에 맞게 조리할 수 있다. 4. 메뉴의 조리법에 따라 알맞은 부재료를 사용하여 완성할 수 있다. 5. 마무리 된 음식의 색깔과 맛, 풍미, 온도를 통해 음식의 품질을 평가할 수 있다.
	9. 양식 수프조리	1. 수프재료 준비하기	1. 수프 요리에 맞는 재료를 준비할 수 있다. 2. 수프 재료를 적합한 용도와 특성에 맞게 전처리할 수 있다. 3. 조리에 필요한 부케가르니(Bouquet Garni)를 준비할 수 있다. 4. 미르포아(Mirepoix)를 준비할 수 있다. 5. 수프에 필요한 스톡을 준비할 수 있다. 6. 수프 조리에 필요한 조리도구(Kitchen Utensil)를 준비할 수 있다.
		2. 수프 조리하기	1. 육류, 가금류와 부재료를 사용하여 조리 종류에 맞게 조리할 수 있다. 2. 수프의 종류에 따라 주요 향미를 가진 재료를 순서에 따라 볶아낼 수 있다. 3. 메뉴와 수프 조리에 필요한 조리법을 숙지할 수 있다.
		3. 수프요리 완성하기	1. 수프의 종류에 따라 크루톤(Crouton), 휘핑크림(Whipping Cream), 퀜넬(Quennel)과 같은 곁들임을 제공할 수 있다. 2. 마무리 된 음식의 색깔과 맛, 풍미, 온도를 통해 음식의 품질을 평가할 수 있다.
	10. 양식 육류조리	1. 육류재료 준비하기	1. 육류, 가금류 조리에 맞는 재료를 준비할 수 있다. 2. 육류, 가금류용 재료를 적합한 용도와 특성에 맞게 전처리할 수 있다. 3. 요리에 알맞은 부재료와 소스를 준비할 수 있다. 4. 육류, 가금류 조리에 필요한 주방도구(Kitchen Utensil)를 준비할 수 있다.

Western Food

실기 과목명	주요항목	세부항목	세세항목
양식 조리 실무	10. 양식 육류조리	2. 육류 조리하기	1. 육류, 가금류와 부재료를 사용하여 조리 종류에 맞게 조리할 수 있다. 2. 육류, 가금류 요리에 알맞은 가니쉬(Garnish)와 소스를 조리할 수 있다. 3. 메뉴와 육류, 가금류 조리에 필요한 조리법을 숙지할 수 있다.
		3. 육류요리 완성하기	1. 육류, 가금류 요리에 알맞은 온도로 접시를 준비할 수 있다. 2. 주재료에 어울리는 가니쉬(Garnish)와 소스를 제공 할 수 있다. 3. 마무리된 음식의 색깔과 맛, 풍미, 온도를 통해 음식의 품질을 평가할 수 있다.
	12. 양식 파스타 조리	1. 파스타재료 준비하기	1. 파스타 재료를 계량하여 손으로 반죽할 수 있다. 2. 원하는 모양으로 만든 면발이 서로 엉겨 붙지 않도록 처리할 수 있다. 3. 파스타에 필요한 부재료, 소스 재료를 준비할 수 있다. 4. 파스타 조리에 필요한 주방 도구(Kitchen Utensil)를 준비할 수 있다.
		2. 파스타 조리하기	1. 면의 종류에 따라 끓는 물에 삶아 낼 수 있다. 2. 속을 채운 파스타의 경우, 터지지 않게 삶을 수 있다. 3. 삶아 익힌 면은 물기를 제거한 후 달라붙지 않게 조리할 수 있다. 4. 파스타의 종류에 따라 부재료와 소스를 선택하여 조리할 수 있다.
		3. 파스타요리 완성하기	1. 일인분의 양을 조절하여 제공할 수 있다. 2. 주재료에 어울리는 가니쉬(Garnish)를 제공할 수 있다. 3. 파스타 종류에 알맞은 그릇에 담아 제공할 수 있다. 4. 마무리 된 음식의 색깔과 맛, 풍미, 온도를 통해 음식의 품질을 평가할 수 있다.
	12. 양식 소스조리	1. 소스재료 준비하기	1. 소스 조리에 맞는 재료를 준비할 수 있다. 2. 소스용 재료를 적합한 용도와 특성에 맞게 전처리할 수 있다. 3. 소스 조리에 필요한 주방도구(Kitchen Utensil)를 준비할 수 있다.
		2. 소스 조리하기	1. 미르포아(Mirepoix)를 볶은 다음 찬 스톡을 넣고 서서히 끓일 수 있다. 2. 소스의 용도에 맞게 농후제를 사용할 수 있다. 3. 루(Roux)는 버터와 밀가루를 동량으로 사용하여 만들 수 있다. 4. 적절한 시간에 향신료를 첨가할 수 있다. 5. 원하는 소스의 지정된 맛, 향, 농도, 색이 될 때까지 조리할 수 있다. 6. 소스를 걸러내어 정제할 수 있다.
		3. 소스 완성	1. 소스의 품질이 떨어지지 않도록 적정 온도를 유지할 수 있다. 2. 마무리 된 소스의 색깔과 맛, 투명감, 풍미, 온도를 통해 소스의 품질을 평가할 수 있다.

03 양식조리기능사 직무 개요

1. 직무 정의

양식 조리는 서양식 음식을 조리사가 메뉴를 계획하고, 식재료를 구매, 관리, 손질하여 정해진 조리법에 의해 조리하며 식품위생과 조리기구, 조리시설을 관리하는 일이다.

2. 능력단위별 능력단위 요소

분류번호	능력단위(수준)	수준	능력단위요소
1301010202_16v3	양식 스톡조리	2	스톡재료 준비하기
			스톡 조리하기
			스톡 완성하기
1301010203_16v3	양식 소스조리	4	소스재로 준비하기
			소스 조리하기
			소스 완성하기
1301010204_16v3	양식 수프조리	4	수프재료 준비하기
			수프 조리하기
			수프요리 완성하기
1301010205_16v3	양식 전채조리	2	전채재료 준비하기
			전채 조리하기
			전채요리 완성하기
1301010206_16v3	양식 샐러드조리	2	샐러드재료 준비하기
			샐러드 조리하기
			샐러드요리 완성하기
1301010207_16v3	양식 어패류조리	4	어패류재료 준비하기
			어패류 조리하기
			어패류요리 완성하기
1301010208_16v3	양식 육류조리	4	육류재료 준비하기
			육류 조리하기
			육류요리 완성하기
1301010209_16v3	양식 파스타조리	4	파스타재료 준비하기
			파스타 조리하기
			파스타요리 완성하기
1301010210_16v3	양식 조식조리	2	달걀요리 조리하기
			조찬용 빵류 조리하기
			시리얼류 조리하기

분류번호	능력단위(수준)	수준	능력단위요소
1301010211_16v3	양식 위생관리	2	개인 위생관리하기
			식품 위생관리하기
			주방 위생관리하기
1301010212_16v3	양식 안전관리	2	개인 안전관리하기
			장비. 도구 안전관리하기
			작업환경 안전관리하기
1301010213_16v3	양식 메뉴관리	4	메뉴관리 계획하기
			메뉴 개발하기
			메뉴원가 계산하기
1301010214_16v3	양식 구매관리	3	시장조사하기
			구매 관리하기
			검수 관리하기
1301010215_16v3	양식 재료관리	2	저장 관리하기
			재고 관리하기
			선입선출 관리하기
1301010216_16v3	양식 기초 조리실무	2	기본 칼기술 습득하기
			기본기능 습득하기
			기본 조리방법 습득하기
1301010217_16v3	양식 샌드위치조리	2	샌드위치재료 준비하기
			샌드위치 조리하기
			샌드위치 완성하기
1301010218_16v3	양식 사이드디쉬 조리	4	사이드디쉬 재료 준비하기
			사이드디쉬 조리하기
			사이드디쉬 완성하기
1301010219_16v1	양식 디저트조리	4	콜드 디저트 조리하기
			핫 디저트 조리하기
			스페셜 디저트 조리하기
1301010220_16v1	연회조리	4	리셉션 메뉴 조리하기
			연회용 뷔페메뉴 조리하기
			연회용 코스메뉴 조리하기
1301010221_16v1	푸드 플레이팅	4	핫 푸드 플레이팅하기
			콜드 푸드 플레이팅하기
			전시용 푸드 플레이팅하기
1301010222_16v1	조리외식경영	5	조리외식 이해하기
			조리외식경영 실무하기
			조리외식분야 창업하기

3. 능력단위별 적용범위 및 작업 상황

■ 능력단위 명칭 [양식 스톡 조리]

▶적용범위 및 작업 상황

- 이 능력단위가 다루는 요리의 범위에는 다음이 포함된다.
    - 화이트 스톡(White Stock)
    - 브라운 스톡(Brown Stock)
    - 퓨메(Fumet)
    - 부용(Bouillon)
- 브라운 스톡은 뼈를 오븐에 구울 때 재료의 양과 상태에 따라 차이가 있으며 200℃에 1시간 정도 구워서 준비한다(미국조리학교 CIA 기준).
- 와인은 스톡용 뼈에 있는 맛난 성분을 추출하는데 사용한다.
- 조리용어
    - 부케가르니(Bouquet Garni) : 양파에 월계수잎, 통후추, 클로브, 타임, 파슬리 줄기와 같은 것을 사용하여 만든 향초 다발이다.
    - 미르포아(Mirepoix) : 스톡의 맛을 돋우기 위해 네모나게 썬 양파, 셀러리, 당근이다.
    - 스키밍(Skimming) : 액체 위에 뜬 기름이나 찌꺼기를 걸러낸다.
- 이 능력단위는 핫 키친(Hot Kitchen)에 해당한다.

■ 능력단위 명칭 [양식 소스 조리]

▶적용범위 및 작업 상황

- 이 능력단위가 다루는 요리의 범위에는 다음이 포함된다.
    - 5모체소스(5 Mother Sauce)와 파생 소스
        · 5모체소스 : 에스파뇰소스(Espagnol Sauce), 벨루테소스(Veloute Sauce), 베샤멜소스(Bechamel Sauce), 토마토소스(Tomato Sauce), 홀렌다이즈소스(Hollandaise Sauce)
    - 퓨레소스와 파생 소스
    - 버터소스와 파생 소스
- 소스 평가 시 완성된 소스의 색깔과 맛, 투명감, 풍미, 온도는 다양한 소스의 종류와 특성이 상이하여 하나로 된 기준으로 표현하기 어렵다(각각의 완성된 소스는 관능평가 기준에 따른다).
- 조리용어
    - 부케가르니(Bouquet Garni) : 양파에 월계수잎, 통후추, 클로브, 타임, 파슬리 줄기와 같은 것을 사용하여 만든 향초다발이다.
    - 미르포아(Mirepoix) : 스톡의 맛을 돋우기 위해 네모나게 썬 양파, 셀러리, 당근이다.
    - 농후제 : 소스나 수프의 농도를 조절하는 것으로 루, 전분, 베르마니, 달걀이 있다.

- 루(Roux) : 녹인 버터에 밀가루를 동량으로 넣어 볶은 것으로 색에 따라 화이트 루(White Roux), 블론드 루(Blond Roux), 브라운 루(Brown Roux)로 나뉘고 요리의 특징에 따라 적합한 것을 사용한다.
- 베르마니(Beurre Manie) : 부드러운 버터에 밀가루를 섞은 것으로 소스나 수프의 농도를 맞출 때 사용한다.
- 육류 : 소, 돼지, 양 고기 등의 고기와 부속물
- 가금류 : 닭, 거위, 오리 등의 고기와 부속물
• 이 능력단위는 핫 키친(Hot Kitchen)에 해당한다.

■ 능력단위 명칭 [양식 수프 조리]
▶ 적용범위 및 작업 상황
• 이 능력단위가 다루는 요리의 범위에는 다음이 포함된다.
- 차우더 수프(Chiwder Soup)와 파생 수프
- 크림 수프(Cream Soup)와 파생 수프
- 콘소메(Consomme)와 파생 콘소메
- 미네스트로니 수프(Ninestrone Soup)
- 프렌치 어니언 수프(French Onion Soup)
• 수프 평가 시 완성된 수프의 색깔과 맛, 투명감, 풍미온도는 다양한 종류와 특성이 상이하여 하나로 된 기준으로 표현하기 어렵다(각각의 완성된 수프는 관능평가 기준에 따른다).
• 조리용어
- 부케가르니(Bouquet Garni) : 양파에 월계수잎, 통후추, 클로브, 타임, 파슬리 줄기와 같은 것을 사용하여 만든 향초다발이다.
- 미르포아(Mirepoix) : 스톡의 맛을 돋우기 위해 네모나게 썬 양파, 셀러리, 당근이다.
- 크루톤(Croutons) : 빵을 작은 주사위 모양으로 썰어서 팬이나 오븐에서 바삭하게 구운 것을 말한다.
- 퀜넬(Quennel) : 가금류와 어류를 곱게 갈아 만든 타원형의 완자를 말한다.
- 농후제 : 소스나 수프의 농도를 조절하는 것으로 루, 전분, 베르마니, 달걀이 있다.
- 루(Roux) : 녹인 버터에 밀가루를 동량으로 넣어 볶은 것으로 색에 따라 화이트 루(White Roux), 블론드 루(Blond Roux), 브라운 루(Brown Roux)로 나뉘고 요리의 특징에 따라 적합한 것을 사용한다.
- 콜렌더(Colander) : 음식물의 물기를 제거할 때 사용한다.
• 이 능력단위는 핫 키친(Hot Kitchen)에 해당한다.

- ■ 능력단위 명칭 [양식 전채 조리]
  - ▶적용범위 및 작업 상황
  - 이 능력단위가 다루는 요리의 범위에는 다음이 포함된다.
    - 스터프드 달걀요리(Stuffed Egg)
    - 새우 칵테일(Shrimp Cocktail)
    - 참치 타르타르(Tuna Tartar)
    - 카나페(Assorted Canape)
    - 샌드위치(Sandwich)류
    - 과일, 로우 햄(Raw Ham), 속을 채운 채소류, 베지터블 렐리시(Vegetable Relish), 케이퍼(Capers)
  - 전채요리 평가 시 완성된 전채의 색깔과 맛, 풍미, 온도는 다양한 조리법과 재료의 특성이 상이하여 하나로 된 기준으로 표현하기 어렵다(각각의 완성된 전채는 관능평가 기준에 따른다).
  - 조리실 온도 조절 관리 능력은 콜드 키친에 알맞은 온도와 습도 채광을 관리하는 것이다.
  - 전채요리에 사용되는 채소와 허브는 양상추, 상추, 당근, 셀러리, 양파, 당근과 같은 채소류와 파슬리, 딜, 로즈마리, 고수, 바질과 같은 허브를 말한다.
  - 조리용어
    - 콘디멘트(Condiments) : 전채요리와 어울리는 양념, 조미료, 향신료를 말한다.
    - 푸드 스타일링(Food Styling) : 요리를 완성하여 접시나 용기에 모양내어 아름답게 담는 것을 말한다.
    - 테이블 스타일링(Table Styling) : 레스토랑, 메뉴의 특징을 살려 아름답게 테이블과 실내를 연출하는 것을 말하며, 넓은 의미에서는 푸드 스타일링을 포함한다.
    - 베지터블 렐리시(Vegetable Relish) : 향미가 나는 채소와 재료들로 식욕을 돋우는 역할을 한다.
  - 이 능력단위는 콜드 키친(Cold Kitchen)에 해당한다.

- ■ 능력단위 명칭 [양식 샐러드 조리]
  - ▶ 적용범위 및 작업 상황
  - 이 능력단위가 다루는 요리의 범위에는 다음이 포함된다.
    - 마요네즈, 비네크레트, 샐러드 드레싱
    - 채소, 과일 샐러드
    - 감자, 콩 곡물, 파스타 샐러드
    - 복합샐러드

- 샐러드 평가 시 완성된 샐러드의 색깔과 맛, 풍미, 온도는 다양한 소스의 종류와 재료의 특성이 상이하여 하나로 된 기준으로 표현하기 어렵다(각각의 샐러드는 관능평가 기준에 따른다).
- 드레싱 재료는 양파, 당근, 셀러리, 피망, 실파와 같은 채소류와 식초, 겨자, 식용유, 난류 등이다.
- 단순샐러드용 양상추, 상추 오이. 당근, 피망, 치커리와 같은 채소류는 깨끗이 세척하여 차가운 물에서 싱싱하게 살려 준비한다.
- 복합샐러드에 사용되는 양파, 피망. 육류, 어패류, 파스타류, 채소류는 메뉴 특성에 맞게 손질하여 굽기, 삶기, 튀기기, 로스팅 한다.
- 복합샐러드의 경우 드레싱에 버무리기 전 양념을 해준다.
- 샐러드는 음식의 색깔과 채소와 주재료 본연의 맛과 향이 살아 있어야 하며, 샐러드의 특성에 맞는 차가운 온도를 유지하여야 한다.
- 조리용어
    - 콘디멘트(Condiments) : 샐러드 요리와 어울리는 양념, 조미료, 향신료를 말한다.
    - 쿠르부용(Court Bouillon) : 어패류. 채소류를 포칭하는데 사용되는 육수로 미르포아, 딜, 통후추, 타임, 바질 등 허브류와 레몬, 식초, 포도주가 첨가되기도 한다.
- 이 능력단위는 콜드 키친(Cold Kitchen)에 해당한다.

■ 능력단위 명칭 [양식 어패류 조리]

▶ 적용범위 및 작업 상황
- 이 능력단위가 다루는 요리의 범위에는 다음이 포함된다.
    - 생선류 요리
    - 갑각류 요리
    - 조개류 요리
- 어패류 평가 시 완성된 어패류의 색깔과 맛, 풍미, 온도는 다양한 조리법과 재료의 특성이 상이하여 하나로 된 기준으로 표현하기 어렵다(각각의 완성된 어패류 조리는 관능평가 기준에 따른다).
- 어패류의 원산지, 조리법을 고려하여 선별할 수 있다.
- 조리에 요구되는 신선도를 갖고 있는지 검사할 수 있다.
- 구입 후 조리 이전까지 신선한 상태를 유지하여 보관할 수 있다.
- 생선류, 조개류, 갑각류를 손질하여 용도에 맞는 크기로 자를 수 있다.
- 요리에 알맞은 부재료와 소스를 준비할 수 있다.
- 필요한 경우 오일과 향신료를 이용하여 마리네이드(Marinade)할 수 있다.
- 어패류 조리에 필요한 조리도구(Kitchen Utensil)를 준비할 수 있다.

- 조리용어
  - 향신료 : 딜, 바질, 타임, 고수, 파슬리, 통후추와 같은 것을 용도에 알맞게 사용하는 것이다.
  - 부재료 : 양파, 당근, 셀러리, 감자, 애호박. 피망, 고구마, 오이와 같은 채소류와 사과, 레몬, 오렌지 같은 과일류를 사용하는 것이다.
  - 가니쉬(Garnish) : 딜, 바질, 타임, 고수 , 파슬리와 같은 허브류와 통후추, 고추, 마늘과 빵류를 사용하여 요리에 맛과 멋을 부여하여 장식하는 것이다.
  - 마리네이드(Marinade) : 맛과 풍미, 연육을 주재료에 부여하는 것으로 드라이 마리네이드(Dry Marinade)와 모이스트 마리네이드(Moist Marinade)가 있으며, 대부분의 마리네이드는 산을 포함하고 있다.
  - 쿠르부용(Court Bouillon) : 어패류, 채소류를 포칭하는데 사용되는 육수로 미르포아, 딜, 통후추, 타임, 바질, 같은 허브류와 레몬, 식초, 포도주가 첨가되기도 한다.
- 이 능력단위는 핫 키친(Hot Kitchen)에 해당한다.

■ 능력단위 명칭 [양식 육류 조리]

▶적용범위 및 작업 상황
- 이 능력단위가 다루는 요리의 범위에는 다음이 포함된다.
  - 소, 돼지, 양 고기 등 육류요리
  - 닭, 거위, 오리 등 가금류 요리
  - 내장 등 부산물을 사용한 요리
- 육류조리 평가 시 완성된 육류요리의 색깔과 맛, 풍미, 온도는 다양한 조리방법과 식재료 특성이 상이하여 하나로 된 기준으로 표현하기 어렵다(각각의 육류조리는 관능평가 기준에 따른다).
- 조리용어
  - 로스팅(Roasting) : 오븐에서 육류, 가금류. 감자 등을 구워내는 건열식 조리방법이다.
  - 마리네이드(Marinade) : 고기나 생선, 채소 등을 재워두는 액상의 양념이다. 육질을 부드럽게 하거나 맛이 배게 하는 데 쓰이고 보통 레몬주스나 식초, 와인 같은 산과 향신료를 더해 만든다.
  - 가니쉬(Garnish) : 주재료에 곁들여지는 재료로서 감자, 고구마, 호박, 당근, 버섯 등 각종 채소들을 말한다.
  - 향신료 : 육류에 누린내를 없애는 기능으로서 로즈마리, 타임, 세이지 등이 사용된다.
  - 내장 : 간, 콩팥, 허파, 대장, 소장 등
  - 부산물 : 뼈, 껍질 등
- 이 능력단위는 핫 키친(Hot Kitchen)에 해당한다.

Western Food

- **능력단위 명칭 [양식 파스타 조리]**
  - ▶적용범위 및 작업 상황
  - 이 능력단위가 다루는 요리의 범위에는 다음이 포함된다.
    - 면 형태의 파스타
    - 여러 형태의 파스타 : 라자니아(Lasagne), 라비올리(Ravioli), 카넬로니(Cannelloni), 뇨키(Gnicchi), 리조또(Risotto) 등
    - 파스타소스 : 오일과 버터를 기초로 한 단순 소스, 크림 베이스 파스타소스, 해산물 소스, 채소 소스, 고기 소스, 토마토소스 등
  - 면 종류별 삶는 시간 : 스파게티(8분), 라자니아(7분), 라비올리(8분), 카넬로니(7분), 뇨키(5분)
  - 건면 파스타(Dry Pasta) : 밀가루와 물 등을 사용하여 만든 후 건조시킨 파스타
  - 생면 파스타(Fresh Pasta) : 밀가루와 물 등을 사용하여 직접 만든 파스타
  - 인스턴트 파스타(Instant Pasta) : 공장에서 대량 생산된 건면 형태의 파스타
  - 이 능력단위는 핫 키친(Hot Kitchen)에 해당한다.

- **능력단위 명칭 [양식 조식 조리]**
  - ▶적용범위 및 작업 상황
  - 이 능력단위가 다루는 요리의 범위에는 다음이 포함된다.
    - 달걀요리(Egg) : 포치드 에그(Poached Egg), 삶은 달걀(Boild Egg), 달걀 프라이(Fried Egg), 스크램블 에그(Scrambled Egg), 오믈렛(Omelet), 수플레(Souffle), 에그 베네딕틴(Egg Benedictine)
    - 조찬용 빵(Breakfast Breads) : 프렌치 토스트(French Toast), 계피향 토스트(Cinnamon Toast), 팬케이크(Pancake), 와플(Waffle)
    - 시리얼류(Cereals) : 오트밀(Oatmeal), 버처무슬리(Bircher Muesli)
  - 조리용어
    - 서니 사이드 업(Sunny Side Up) : 달걀의 한쪽 면만 살짝 익히고 노른자는 반숙으로 조리한다.
    - 오버 이지(Over Easy) : 달걀의 양쪽 면을 살짝 익히고 노른자는 깨뜨리지 않게 조리한다.
    - 오버 미디움(Over Medium) : 달걀의 양쪽 면을 적당히 익히게 조리한다.
    - 오버 하드(Over Hard) : 달걀의 양쪽 면을 완전히 익히게 조리한다.
    - 스크램블 에그(Scrambled Egg) : 달걀을 믹싱볼에 깨뜨려 넣고 우유나 생크림을 혼합하여 거품기로 잘 섞은 후에 프라이팬에 오일을 두르고 가열한 후에 달걀을 넣고 휘저어 익히게 조리한다.
    - 보일드 에그(Boiled Egg) : 냄비에 물과 소량의 소금과 식초를 넣은 후 달걀을 통째로 삶는 조리한다.

- 오믈렛(Omelet) : 달걀을 믹싱볼에 깨뜨려 준비하고 프라이팬에 넣어 달걀을 럭비볼 모양으로 조리한다.
- 에그 베네딕틴(Egg Benedictine) : 토스트한 잉글리시 머핀 위에 햄과 수란 2알을 올려놓고 홀랜다이즈소스를 끼얹어 살라만더에 연갈색으로 구워내는 요리이다.
- 프렌치 토스트(French Toast) : 샌드위치 빵을 달걀물(달걀, 우유, 설탕, 바닐라 향 등)에 적셔 그릴 또는 프라이팬에 색을 내 오븐에서 익혀낸 것이다.
- 시리얼(Cereals)류 : 시리얼류는 쌀, 귀리, 밀, 옥수수, 기장 등으로 만든 곡물 요리로 더운 시리얼과 찬 시리얼이 있다.
• 신선한 달걀 선택은 껍데기가 거칠고 반점이 없는 것, 비세척란으로 냉장 보관된 것으로 한다(세척 후 조리).
• 이 능력단위는 조찬부에 해당한다.

■ 능력단위 명칭 [양식 위생관리]

▶적용범위 및 작업 상황
• 이 능력단위의 범위에는 다음이 포함된다.
  - 식품 유통기한 준수, 위생적 취급기준, 종사자 건강진단 실시, 원산지 표시 등 식품위생법 준수
  - 시설·설비 청결상태 관리, 방충·방서 시설 구비 및 관리, 개인위생 관리, 유해물질을 관리하는 업무
  - 위해요소 중점관리 기준(HACCP) 활용에 대한 이해
  - 위생과 안전을 위한 조리복 착용을 기본으로 하는 능력
  - 조리도구의 사용 전후 세척과 소독하여 관리하는 능력
  - 식재료의 입고·저장·전처리·조리·생산·소비까지 발생할 수 있는 생물학적, 화학적, 물리적 유해요소를 관리하는 능력
  - HACCP(Hazard Analysis Critical Control Point)은 위해요소 중점관리 기준을 의미한다.
• 식중독 예방 수칙
  - 식중독의 원인
    · 감염형 식중독 : 살모넬라균, 비브리오균, 병원성 대장균 등 음식물에서 증식한 세균에 의한 식중독
    · 독소형 식중독 : 포도상구균 등 음식물에서 세균이 증식할 때 발생하는 독소에 의한 식중독
    · 알러지성 식중독 : 꽁치, 고등어의 히스타민에 의한 식중독
    · 곰팡이에 의한 식중독 : 식품을 부패·변질시키거나 독소를 만들어 인체에 해를 줌

- 자연독에 의한 식중독 : 복어의 테트로도톡신, 모시조개의 베네루핀, 독버섯의 무스카린, 감자의 솔라닌, 황변미의 시트리닌, 이스란디톡신 등
- 첨가 혼입독에 의한 식중독 : 식품첨가물, 농약, 오염식품의 중금속, 포장재의 유해물질 등
- 조리 시설・기구 등은 반드시 살균소독제 등을 이용하여 철저히 세척・소독 후 사용한다.
- 세제로 1차 세척 후, 차아염소산나트륨액(염소농도 200ppm, 물 4ℓ 당 락스(유효염소 4%) 20㎖)으로 소독한다.
- 칼, 행주 등은 끓는 물에서 30초 이상 열탕 소독한다.
- 바닥 균열・파손 시 즉시 보수하여 오물이 끼지 않도록 관리한다.
- 출입문・창문 등에는 방충시설을 설치한다.

• 식재료의 위생적 취급 관리
- 유통기한 및 신선도를 확인한다.
- 식품별 보관방법(냉장・냉동)을 준수한다.
- 해동된 식재료를 바로 사용하고 재냉동 해서는 안 된다.
- 가열한 음식은 즉시 냉각하여 냉장 또는 냉동 보관 한다.
- 익힌 음식과 날음식을 별도의 냉장고에 보관하여 교차오염을 방지한다. 만약 한 대의 냉장고를 사용한다면 조리된 음식은 냉장고 위 칸에 보관하여야 한다.
- 보관 시에는 네임텍에 품목명과 날짜를 표시한다.
- 개봉하여 일부 사용한 통조림은 깨끗한 용기에 담아 개봉한 날짜와 품목명, 원산지 등을 표시하고 냉장 보관한다.
- 채소・과일은 매일 신선상태를 체크한다.
- 냉장고 청소는 정기적으로 스케줄 표를 만들어 관리한다.
- 칼, 도마, 고무장갑은 용도별(육류・어류・채소 등)로 구분하여 사용한다. 구분 사용이 어려운 경우 채소-육류-어류-가금류 순으로 하고 각각 처리 후 세척・소독을 한다.
- 식재료는 철저히 세척・소독하고, 조리도구를 청결하게 사용하여 교차오염을 방지한다.

■ 능력단위 명칭 [양식 안전관리]

▶ 적용범위 및 작업 상황
• 안전관리는 주방에서 조리작업을 수행하는 데 있어서 작업자와 시설의 안전기준을 확인하고, 안전수칙 준수・예방 활동을 수행하는데 필요한 능력이다.
• 안전관리의 대상은 개인안전, 주방환경, 조리장비 및 기구, 가스, 위험물(가열된 기름, 뜨거운 물), 전기, 소화기 등을 말한다.
• 안전지침은 조리작업에 수반하는 장비사용 및 수작업 등에 대한 안전사고 예방・사고 발생 시 대처방법을 포함한다.

- 주방에서의 안전장구라 함은 조리복, 조리안전화, 앞치마, 조리모, 안전장갑 등을 포함한다.

■ 능력단위 명칭 [양식 메뉴관리]
▶ 적용범위 및 작업 상황
- 이 능력단위의 범위에는 다음이 포함된다.
  - 메뉴를 관리할 수 있는 능력
  - 메뉴를 계획할 수 있는 능력
  - 메뉴를 개발할 수 있는 능력
  - 메뉴의 가격결정을 할 수 있는 능력
  - 식재료의 검수를 할 수 있는 능력
  - 식재료의 검수를 할 수 있는 능력
  - 식재료의 선입선출을 할 수 있는 능력
  - 식재료 재고관리를 할 수 있는 능력
  - 식재료 원가계산을 할 수 있는 능력
  - 손익분기점을 분석할 수 있는 능력
  - 메뉴 분석법을 활용할 수 있는 능력
- 메뉴 관리하기
  - 시장상황과 흐름에 관한 변화와 인식의 중요성
  - 메뉴 수는 적게 구성하여 원가절감을 모색
  - 고객층에 따른 음식량, 서비스 속도 등 다양한 방법 모색
  - 주변상권 및 시장동향 등 발전 가능이 높은 메뉴 선정
  - 단기, 장기, 계절메뉴 등 고려하여 연계품목 함께 판매
  - 점포 외형은 전문점으로 노출 내부는 연관된 품목과 함께 판매하는 전략
  - 불경기 메뉴와 호황기 메뉴를 달리하여 시장동향에 맞게 수요자 중심으로 교체
  - 수요와 공급측면을 고려
- 메뉴 개발하기
  - 미식적 측면 : 전체적으로 조화롭게 구성하여 음식의 색상, 재료질감 등이 다양하게 배합
  - 경제적 측면 : 비용을 생각하고, 식당과 고객의 수준에 맞도록 부담이 덜되며 원가에 맞게 구성
  - 실제적 측면 : 설비, 인원 등을 고려하고, 신속 정확한 서비스
  - 관리자의 측면 : 조직의 목표와 목적, 예산, 식자재 공급 조건, 시설 및 장비, 종사원 기술, 생산 형태와 서비스 시스템 등을 고려
  - 고객의 측면 : 영양적인 요구, 음식의 습관 및 선호도, 음식의 특성 등을 고려

- 고객의 필요와 욕구를 파악하고, 원가와 수익성을 고려해야 한다.
• 메뉴 원가 계산하기
  - 직접원가 : 특정 제품의 생산을 위해 직접 투입된 비용(직접 재료비, 직접 노무비, 직접 경비)
  - 제조원가 : 직접 원가에 제조 간접비를 합한 비용(간접 재료비, 간접 노무비, 간접경비)
  - 총원가 : 제조원가에 판매비 및 일반 관리비를 합친 원가
  - 판매가 : 총원가에 이윤을 더한 원가
  - 원가비율(%) : 총원가/총매출액×100
  - 가격결정, 원가관리, 예산편성, 재무제표 작성 등 경영능률을 증진

■ **능력단위 명칭 [양식 구매관리]**
▶ **적용범위 및 작업 상황**
• 이 능력단위의 범위에는 다음이 포함된다.
  - 식재료 구매, 원산지, 검수관리와 원가관리, 메뉴 구성의 이해 등
  - 식재료의 품질, 식품영양, 식재료의 특성
• 검수해야 할 각 재료, 도구, 기타 소모품의 범위 구성, 품목의 특성에 포함되는 사항
  - 관리해야 할 주방 도구
• 이 능력단위는 양식 조리가 계획대로 차질 없이 이루어질 수 있게 하는 재료의 구매, 검수, 저장, 출고 등의 모든 과정에 관련된 실질적 업무는 물론, 원가관리 및 기타 재료와 관련된 사항들의 전반적인 업무에 적용한다.
• 구매관리는 원가관리를 위한 기초적인 단계부터 적정한 물품을 구매하는 것만이 아니라 사업을 계획, 통제, 관리하는 경영활동 전반에 이르기까지 다양한 방면을 고려해야 한다.
• 구매관리는 업장에서 필요로 하는 식재료, 소모품, 도구 및 기물의 구매를 수행하고, 이를 검수, 점검하는데 필요한 능력이다.
• 식재료의 구매 시 계절의 변화, 물가의 변동 등의 경제적인 요인이 작용하게 되므로 식재료의 구매 및 선정에 있어서 외부환경을 고려해야 한다.
• 구매계획에는 복잡한 유통절차에 대한 지식, 식품이 가지는 특성과 영양성분, 보존기간 및 변질에 관한 전반적인 지식을 가진 인력수급계획 등을 포함한다.
• 구매관리란 원활하게 수행하기 위해서 식재료와 식재료의 사용처를 파악하고 식재료 손질, 조리과정과 판매에 이르기까지 전 과정을 시스템으로 관리하는 것을 말한다.
• 식재료와 조리도구 및 기물의 합리적이고 효율적인 구매관리를 위해서는 정기적이고 치밀한 시장조사와 구매품목에 대한 특성을 고려해야 한다.

■ 능력단위 명칭 [양식 재료관리]

▶ 적용범위 및 작업 상황

- 이 능력단위의 범위에는 다음이 포함된다.
  - 재료의 선입선출을 할 수 있는 능력
  - 재료 재고관리를 할 수 있는 능력
  - 재료 저장관리를 할 수 있는 능력
  - 사용량에 따라 재료를 소분하여 저장관리할 수 있는 능력
  - 식품 제조일자에 따라 품목명 네임텍을 작성하여 관리할 수 있는 능력
  - 재료의 유통기한을 관리할 수 있는 능력
  - 재료의 신선도와 숙성상태를 관리할 수 있는 능력
  - 재료의 유실방지 및 보안 관리할 수 있는 능력
  - 식재료 사용방법 준수하기
  - 원산지 표기, 유통기한 준수, 변질용이 식품 냉동냉장보관 준수 등 식재료 위생법규 준수하기
  - 부적절한 저장으로 인한 재료유실과 도난 등의 부정 유출 방지
  - 재료의 품질, 식품영양, 식재료의 특성

- 저장 및 재고관리
  - 식재료를 냉동ㆍ냉장하는 것은 장기저장에 목적이 있는 것이 아니라 미생물의 발육과 증식을 억제하고 식품의 산패나 변패 등을 지연시키는 것이다. 미생물은 보존온도 및 시간과 밀접한 관계가 있어 증식분열에 영향을 받는다.
  - 냉장ㆍ냉동고는 0~5℃의 김치보관온도, 2~5℃의 채소 및 메인 냉장 온도, -5~-2℃의 고기 냉장온도가 적당하고 -20℃의 급냉고, -50℃의 선어 보관 냉동고, 2~5℃의 육수 냉장고 등을 주방 특성에 따라 사용할 수 있다.
  - 냉장ㆍ냉동고는 계획을 세워 정기적으로 청소하고 성에가 생기지 않도록 관리한다.
  - 특히, 냉동고는 내용물 확인이 어려우므로 네임텍으로 품목의 구분과 선입선출이 잘 이루어져야 한다.
  - 냉장고 용량의 70%만 재료를 보관해야 냉기 순환이 원활하여 적정 온도가 유지된다.
  - 냉장ㆍ냉동고의 적정온도는 1일 3회 확인하고 이상이 있을 경우 즉시 조치한다.
  - 조리된 재료는 상단에 생 재료는 하단에 저장하여 교차오염을 예방한다.
  - 각 저장창고 품목별로 위치를 정하고 이와 동일한 순서대로 재고조사지에 품목명을 정리하면 신속한 재고 조사 시스템을 구축할 수 있다.

- 식재료 사용 방법
  - 큰 그릇의 남은 음식은 작은 그릇으로 옮기고, 반드시 뚜껑을 덮는다.

- 흐르는 물에 육수를 식히거나 고기의 핏물을 제거하기 위하여 물을 흘려 놓을 때에는 표시를 하거나 담당자에게 미리 알린다.
- 공산품은 유통기한을 충분히 고려하고 고춧가루, 깨소금 등은 오래 보관하지 않고 소분하여 냉장, 냉동실에 보관하는 것이 좋다.
- 시장에서 들어온 검은 비닐은 벗겨내고 투명한 비닐이나 규격 그릇에 보관한다.
- 바람이나 냉기가 나오는 곳은 마르지 않도록 뚜껑을 덮거나 래핑을 한다.
- 1차 조리된 것은 반드시 뚜껑을 덮어 교차오염이 일어나지 않도록 관리한다.
• 선입선출(First-In, First-Out : FIFO Method)에 의한 출고
- 재고 물품의 손실과 신선도 유지를 위해 먼저 입고된 재료는 먼저 출고하여 사용하고 이를 위해 적재할 때도 나중에 입고된 것은 먼저 입고된 물품의 뒤쪽에 적재를 해야 한다.
- 사용된 식재료의 원산지는 식품위생법에 의해 반드시 표시하여 공지하여야 한다.

■ 능력단위 명칭 [양식 기초 조리실무]

▶적용범위 및 작업 상황
• 이 능력단위의 범위에는 다음이 포함된다.
- 칼에 대한 기본 지식과 활용 기술
- 주방 조리기물과 도구의 종류와 활용 기술
- 식재료 전처리 기술(Trimming Food Materials)
- 기본 조리방법에 대한 지식과 활용 기술
- 서양 조리 용어의 이해
- 계량법
• 썰기 기초 기능 익히기
- 꽁카세(Concasse) : 0.5cm의 정육면체로 잘게 써는 것(0.5cm×0.5cm×0.5cm)
- 느와젯트(Noisette) : 지름이 3cm 정도의 둥근 형태로 자르는 것
- 다이스(Dice) : 채소나 요리재료를 주사위 모양으로 써는 것
- 민스(Mince) : 1mm 정도로 곱게 다지는 것
- 바토네(Batonnet) : 굵은 채를 써는 것(4cm×0.4cm×0.4cm)
- 파리지엔느(Parisienne) : 스쿠프(Scoop)를 이용하여 둥근 구슬같이 써는 것
- 페이잔느(Paysanne) : 얇은 정사각형으로 써는 것(0.6cm×0.6cm×2cm)
- 샤토우(Chateau) : 가운데가 굵고 양쪽 끝이 가늘게 5cm 정도의 길이로 깎는 것
- 시포나드(Chiffonade) : 가는 실처럼 가늘게 써는 것
- 아세(Hacher) : 잘게 다지는 것
- 에멩세(Emincer) : 2~3mm로 얇게 저미는 것

- 올리베트(Olivette) : 올리브 모양으로 써는 것으로 '썬다'는 것보다 '깎는다'가 어울림
- 쥬리엔느(Julienne) : 가늘고 길게 써는 것(7cm×0.2cm×0.2cm)
- 큐브(Cube) : 주사위형으로 써는 것(1.5cm×1.5cm×1.5cm)
- 퐁뇌프(Pont-Neuf) : 길쭉하게 써는 것(0.6cm×0.6cm×6cm)
- 기본 조리방법
  - 건열조리(Dry Heat Cooking) : 열원을 사용하는 것을 바탕으로 기름을 사용하는 방법과 기름을 사용하지 않고 조리하는 방법이 있다.
  - 습열조리(Moist Heat Cooking) : 물을 가열하여 조리하는 방법이다.
  - 복합조리(Combination Heat Cooking) : 건열조리방법과 습열조리방법을 혼합하여 조리하는 방법이다.
  - 비가열조리(No Heat Cooking) : 열원을 사용하지 않고 식재료를 세척한 후 다양한 형태와 모양으로 조리하는 방법이다.

■ **능력단위 명칭 [양식 샌드위치 조리]**

▶적용범위 및 작업 상황
- 이 능력단위가 다루는 요리의 범위에는 다음이 포함된다.
  - 오픈 샌드위치 및 클로즈 샌드위치
  - 콜드 샌드위치 및 핫 샌드위치
  - 식사용, 티타임용, 파티용 샌드위치
  - 샌드위치(Sandwich)류의 색깔과 맛, 풍미, 온도
- 샌드위치 평가 시 완성된 샌드위치의 색깔과 맛, 풍미, 온도는 다양한 조리법과 재료의 특성이 상이하여 하나로 된 기준으로 표현하기 어렵다(각각의 완성된 샌드위치는 관능평가 기준에 따른다).
- 조리방식 또는 조리법에는 다음이 포함된다.
  - 토스팅, 소테, 팬프라잉, 딥프라잉, 그릴, 찌기, 삶기
- 샌드위치 요리에 사용되는 빵은 식빵, 보리빵, 바게뜨, 치아바타, 크로아상, 베이글, 토티아 등이 있다.
- 조리용어
  - 스프레드(Spread) : 빵에 바르는 소스로 마요네즈나 버터와 같은 기름기가 있는 재료이다.
    · 단순 스프레드(Simple Spread) : 버터나 마요네즈 자체로 이용되는 소스이다.
    · 복합 스프레드(Compound Spread) : 버터나 마요네즈에 각종 머스타드류나 앤초비 등을 첨가하여 사용하는 소스이다.

- 속재료(Filling) : 샌드위치의 속재료는 샌드위치의 맛을 구성하는 가장 중요한 재료이다.
- 가니쉬(Garnish) : 샌드위치의 전체적인 완성도에 영향을 미치는 요소이다. 로메인이나 슬라이스한 토마토, 얇게 썬 양파, 피클과 올리브 등은 샌드위치의 장식을 구성하는 대표적인 야채이다.
- 푸드 스타일링(Food Styling) : 요리를 완성하여 접시나 용기에 모양내어 아름답게 담는 것을 말한다.
- 테이블 스타일링(Table Styling) : 레스토랑, 메뉴의 특징을 살려 아름답게 테이블과 실내를 연출하는 것을 말하며, 넓은 의미에서는 푸드 스타일링을 포함한다.
• 이 능력단위는 핫 키친(Hot Kitchen) 또는 콜드 키친(Cold Kitchen)에 해당한다.

■ 능력단위 명칭 [양식 사이드디쉬 조리]

▶ 적용범위 및 작업 상황
• 이 능력단위가 다루는 요리의 범위에는 다음이 포함된다.
  - 육류 요리에 어울리는 전분류와 채소류 사이드디쉬 요리
  - 가금류 요리에 어울리는 전분류와 채소류 사이드디쉬 요리
  - 어패류 요리에 어울리는 전분류와 채소류 사이드디쉬 요리
• 사이드디쉬 조리 평가 시 완성된 사이드디쉬 요리의 색깔과 맛, 풍미, 온도는 다양한 조리방법과 식재료 특성이 상이하여 하나로 된 기준으로 표현하기 어렵다(각각의 사이드디쉬 조리는 관능평가 기준에 따른다).
• 조리용어
  - 건열식 조리방법(Dry heat Cooking) : 건열식 조리방법은 익히고자 하는 재료에 기름이나 공기 등을 열전달 매개체로 하여 직접 열을 가하거나 간접 열을 이용하여 조리하는 것으로, 조리방법에 따라 기름의 양이나 온도를 조절한다.
  - 습열식 조리방법(Moist heat Cooking) : 습열식 조리방법은 조리하고자 하는 재료에 물, 수증기나 액체 등을 열전달 매개체로 하여 조리하는 것으로, 삶기, 끓이기, 찜 등이 사용된다.
  - 복합 조리방법(Combination Cooking) : 복합 조리방법은 조리하고자 하는 재료의 특성에 따라 건열식 조리방법(Dry heat Cooking), 습열식 조리방법(Moist heat cooking)을 모두 이용하여 조리하는 것이다. 일반적으로 겉면에 색을 내는 조리방법에서는 건열식 조리방법을 사용하고, 마무리 조리하는 과정에서는 습열식 조리방법을 사용한다. 맛이나 영양가의 손실을 줄여 조리하기 위한 방법으로, 질긴 부위나 맛이 덜한 부위를 조리할 때 많이 사용한다.

- 마리네이드(Marinade) : 고기나 생선, 채소 등을 재워두는 액상의 양념이다. 육질을 부드럽게 하거나 맛이 배게 하는 데 쓰이고 보통 레몬주스나 식초, 와인 같은 산과 향신료를 더해 만든다.
- 가니쉬(Garnish) : 주재료에 곁들여지는 재료로서 감자, 고구마, 호박, 당근, 버섯 등 각종 채소들을 말한다.
- 향신료 : 육류의 누린내를 없애는 기능으로써 로즈마리, 타임, 세이지 등이 사용된다.
• 이 능력단위는 핫 키친(Hot Kitchen) 또는 콜드 키친(Cold Kitchen)에 해당한다.

■ 능력단위 명칭 [양식 디저트 조리]
▶적용범위 및 작업 상황
• 이 능력단위가 다루는 요리의 범위에는 다음이 포함된다.
    - 차가운 디저트(Cold Dessert) : 푸딩, 무스, 바바로아, 젤리, 샤롯트, 후르츠 샐러드, 후르츠 콤포트, 탱발 엘리제, 아이스크림, 셔벗, 파르페 등
    - 핫 디저트(Hot Dessert) : 수플레, 그라탕, 플랑베, 크랩, 베니네트 등
    - 스페셜 디저트(Special Dessert) : 초콜릿 공예, 설탕 공예, 국가별 디저트, 행사 컨셉에 맞게 제작된 디저트 등
• 조리용어
    - 에그 워시(Egg Wash) : 반죽이나 제품 등에 광택을 내기 위해 바르는 달걀물을 말한다.
    - 코팅(Coating) : 초콜릿이나 기타의 크림 등으로 덮어씌우는 것을 말한다.
    - 아이싱(Icing) : 크림을 발라 모양을 내는 작업이나 혼당을 아이싱이라고 한다. 글라즈를 발라 광택을 내는 작업도 아이싱이라고 한다.
    - 샌드(Sand) : 케이크에서 삼단으로 된 것을 한 장 한 장 크림을 발라 포개는 것을 말한다.
    - 그랑 마르니에(Grand Marnier) : 오렌지를 주원료로 한 리큐르로 큐라소라고 한다.
    - 누아제트(Noisette) : 헤이즐넛의 프랑스어명이다.
    - 머랭(Meringue) : 계란 흰자에 설탕을 더해 거품을 낸 것이다.
    - 템퍼링(Tempering) : 온도에 따라 변화하는 결정형의 성질을 이용해 안정된 결정이 만들어지도록 온도는 맞춰주는 작업이다.
    - 필링(Filling) : 빵, 케이크에 한하지 않고 여러 제품에 센터로 채우거나 끼우거나 하는 충전물의 총칭이다.
• 이 능력단위는 디저트부에 해당한다.

Western Food

- **능력단위 명칭 [양식 연회조리]**
  ▶ 적용범위 및 작업 상황
  - 이 능력단위가 다루는 요리의 범위에는 다음이 포함된다.
    - 리셉션(Reception) : 커피 브레이크, 칵테일 리셉션, 스페셜 리셉션, 와인 페어링 리셉션 등
    - 연회용 뷔페(Banquet Buffet) : 조식 뷔페, 브런치 뷔페, 점심·저녁 뷔페, 출장 뷔페, 스페셜 뷔페 등
    - 연회용 코스메뉴(Banquet a la carte dish) : 3코스 메뉴, 5코스 메뉴, 7코스 메뉴, 9코스 메뉴 등
  - 조리용어
    - 리셉션(reception) : 어떤 사람을 환영하거나 어떤 일을 축하하기 위하여 베푸는 공식적인 모임
    - 연회(Banquet) : 축하, 위로, 환영, 석별 따위를 위하여 여러 사람이 모여 베푸는 잔치
    - 일품요리(a la carte dish) : 각각의 요리마다 값을 매겨 놓고 손님의 주문에 따라 내는 요리
  - 이 능력단위는 핫 키친(Hot Kitchen) 또는 콜드 키친(Cold Kitchen)에 해당한다.

- **능력단위 명칭 [양식 푸드 플레이팅]**
  ▶ 적용범위 및 작업 상황
  - 이 능력단위가 다루는 요리의 범위에는 다음이 포함된다.
    - 핫 푸드 플레이팅 : 핫 에피타이저, 수프, 메인디쉬, 디저트 등의 조리와 푸드 플레이팅
    - 콜드 푸드 플레이팅 : 콜드 에피타이저, 샐러드, 디저트, 콜드 플레이트 등의 조리와 푸드 플레이팅
    - 전시용 푸드 플레이팅 : 전시용 메뉴와 센타피스 제작과 설치
    - 플레이팅에 적합한 가니쉬 만들기와 접시에 담기
    - 아스픽을 활용한 음식 코팅
  - 푸드 플레이팅에 필요한 조리도구(Kitchen Utensil)를 준비할 수 있다.
  - 푸드 플레이팅 평가 시 완성된 푸드 플레이팅의 색깔과 맛, 풍미, 온도는 다양한 조리법과 재료의 특성이 상이하여 하나로 된 기준으로 표현하기 어렵다(각각의 완성된 푸드 플레이팅은 해당 부문의 평가 기준에 따른다).
  - 조리용어
    - 플레이트(Plate) : 접시담기에서 접시는 가장 기본구성요소이다. 같은 음식이라도 접시의 선택에 따라 모양과 분위기가 다르기에 음식에 어울리는 접시 선택이 중요하다.

- 균형(Balance) : 색상, 모양, 질감, 향, 크기 등의 균형을 적절히 잘 맞추어야 성공적으로 접시 담기를 할 수 있다.
- 콜드 플레이드의 3요소(The There Elements of Cold Food Plater) : 센터피스, 주 요리의 서빙 포션, 가니쉬
- 플레임(Frame) : 접시를 구성하는 한 부분으로 접시의 안정감을 주는 틀이다.
- 림(Rim) : 접시의 일부분으로 접시 안쪽의 링 형상을 한 얇은 두께의 부분이다.
- 캠퍼스(Campus) : 접시 중 음식을 담는 평지부분이다.
- 센터 포인트(Center Point) : 접시의 정중앙이다.
- 이너 서클(Inner Circle) : 림에서 1~2cm 안쪽으로 임의의 원형을 그려 놓고 그 안쪽에 음식을 담는 곳이다.
- 섹션 넘버1(Section No.1) : 접시 정중앙을 중심으로 8시에서 12시 사이 구역을 말하며 주로 탄수화물 요리를 놓는다.
- 섹션 넘버2(Section No.2) : 접시 정중앙을 중심으로 12시에서 4시 사이 구역을 말하며 주로 야채 요리를 놓는다.
- 섹션 넘버3(Section No.3) : 접시 정중앙을 중심으로 4시에서 8시 사이 구역을 말하며 주로 단백질 요리를 놓는다.
- 가니쉬(Garnish) : 딜, 바질, 타임, 고수, 파슬리와 같은 허브류와 통후추, 고추, 마늘과 같은 향신료, 레몬, 사과, 오렌지와 같은 과일류, 밀가루와 버터를 활용하여 구워낸 쿠키와 빵류를 사용하여 요리에 맛과 멋을 부여하여 장식하는 것이다.
- 아스픽(Aspic) : 동물의 뼈, 껍질, 근육을 푹 고았을 때 우러나오는 콜라겐 성분을 정제한 것이다. 음식을 코팅시키기 위해 사용한다.
- 쇼프루와(Chaud-froid) : 데미글라스, 베샤멜 혹은 벨루테와 같은 따뜻한 소스에 젤라틴을 넣어서 만든다.
- 블루밍(Blooming) : 젤라틴을 물에 담갔을 때 물을 흡수하면서 입자가 커지는 것을 말한다.
- 이 능력단위는 핫 키친(Hot Kitchen) 또는 콜드 키친(Cold Kitchen) 그리고 푸드 플레이팅 부문에 해당한다.

■ 능력단위 명칭 [조리외식경영]
▶적용범위 및 작업 상황
- 이 능력단위의 범위에는 다음이 포함된다.
  - 조리 : 레스토랑 메뉴 연구 개발, 식품위생안전관리, 식품 품질평가, 연회 메뉴, 조리학 연구 등

- 외식 경영 : 주방레스토랑 경영, 외식소비자 행동, 외식산업 리더쉽, 외식인적자원관리, 외식경영, 레스토랑 프랜차이즈, 메뉴관리, 외식원가관리, 서비스매너, 외식산업창업 및 경영, 외식산업마케팅, 외식산업 수익경영, 외식기업사례 등

- 조리용어
  - 외식산업 (Food Service Industry) : 식사와 관련된 음식·음료·주류 등을 제공할 수 있는 일정한 장소에서 불특정 다수에게 상업적 혹은 비상업적으로 판매 및 서비스 경영활동을 하는 모든 산업이다.
  - 외식 영업의 3요소(QSC : Quality, Service, Cleanness) : 음식의 품질(맛), 서비스, 청결
  - 패스트푸드(Fast Food) : 주문하면 곧 먹을 수 있다는 뜻으로 나온 단어로 소수의 직원으로 고객의 주문에 신속히 응대할 수 있다.
  - 패밀리 레스토랑(Family Restaurant) : 패스트푸드보다 가격이 높은 대신 여유 있는 테이블 서비스와 함께 식사를 즐길 수 있는 특징이 있다.
  - 일반전문식당 : 단일품목 위주로 메뉴가 구성되어 있고, 비교적 가격이 저렴한 특징이 있다.
  - 고급전문식당 : 고품질의 서비스와 분위기와 함께 주로 고가격대의 전문음식이나 고급정식 위주의 요리를 제공하는 식당이다.
  - 접객서비스 : 직업에 대한 강한 의지적 욕망과 전문적인 지식을 갖고 고객에게 행하는 종사원의 모든 행동과 태도의 표현이다.
  - 카사바나와 스미스 방법(Kasavana & Smith) : 메뉴분석방법으로 공헌이익과 판매량을 이용하여 분석하는 것으로 총이익을 증가시키기 위한 방법이다. Star, Plow, Horse, Puzzle, Dogs 가 있다.

- 이 능력단위는 조리외식경영에 해당한다.

04 수험자 위생복 착용 요령

1. 수험자 복장 앞모습

위생복과 앞치마는 반드시 흰색을 착용하며 깨끗하게 다려 구겨지지 않도록 한다. 위생복은 긴팔로 입되 소매는 두 번 정도 접고, 앞치마는 무릎 아래까지 덮이는 길이를 착용한다. 모자는 종이로 된 것이나 스카프를 착용하여 머리카락이 밖으로 나오지 않도록 앞머리도 모두 올려서 쓴다. 위생모는 일반 조리장에서 통용되는 흰색 위생모를 착용한다. 머리카락의 길이가 길 경우 검정 그물망 핀으로 고정시켜 뒷머리도 흘러내리지 않도록 한다. 조리 시 모자가 움직일 수도 있으므로 실핀으로 양 옆을 고정시킨다.

수험자 위생복 착용 요령 앞모습

2. 수험자 복장 뒷모습

수험자의 뒷모습은 지급받은 등번호판을 등에 옷핀으로 고정시키고 위생화 또는 작업화, 발등이 덮이는 깨끗한 운동화를 신어 단정하고 깔끔하게 준비한다. 미끄러짐 및 화상의 위험이 있는 슬리퍼류, 작업에 방해가 되는 굽이 높은 구두, 속 굽이 있는 운동화, 샌들 등은 신지 않는다. 바지의 색상은 무관하나 반바지, 폭넓은 바지, 짧은 치마의 착용은 피해야 하며, 장신구(시계, 반지, 귀걸이, 목걸이, 팔찌 등) 착용은 금한다. 손톱은 길지 않고 청결해야 하며 매니큐어, 인조손톱 부착 등을 하지 않는다. 개인위생 및 조리도구 등 시험장 내의 모든 개인물품에는 기관 및 성명 등의 표시가 없어야 한다.

수험자 위생복 착용 요령 뒷모습

Western Food

3. 작품 완성

완성된 조리작품 2가지는 등번호와 함께 제출한다(등번호판은 준비요원이 완성품 제출시 떼어준다).

완성품 제출 모습

Tip 앞치마 묶는 법

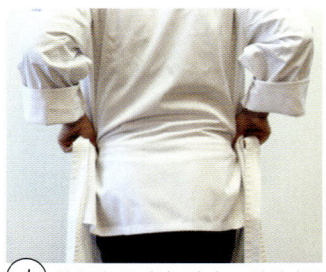

① 양손의 중지와 검지로 앞치마를 잡고 엄지를 사용해서 조리복 뒷부분을 당겨 잡아 팽팽하게 한다.

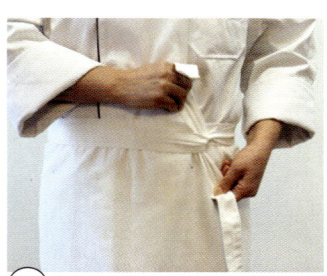

② 앞치마 끈을 좌우 한쪽으로 한 뒤 짧은 끈을 위로 가게 넣어 한쪽으로 당겨 끈을 고정시킨다.

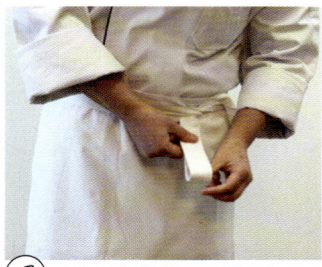

③ 아래 긴 끈을 반으로 접는다.

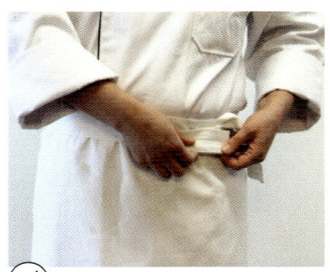

④ 반으로 접은 끈을 다시 두 번 접에 허리에 고정시킨다.

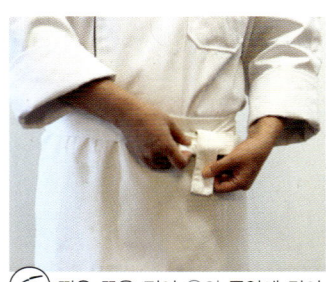

⑤ 짧은 끈을 접어 ④의 중앙에 말아 넣는다.

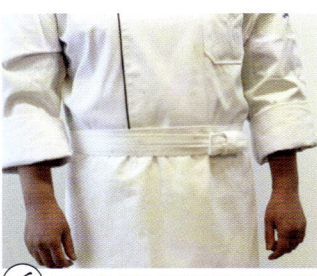

⑥ 짧은 끈 끝을 안쪽으로 넣어 마무리한다.

PART 01

Western Food

01

서양요리의 개요

서양요리의 개요와 역사

■ 서양요리의 정의

서양요리는 북미를 비롯하여 유럽을 포함하는 나라들의 요리를 일컫는다. 즉, 아시아 여러 나라의 요리를 제외한 유럽과 미국 등에서 발달한 요리의 총칭이다. 물론, 북미와 유럽의 모든 요리가 우리나라에서 서양요리로서 알려진 것은 아니다. 요리라고 하는 것은 그 지역의 문화, 지리적 여건, 자연환경, 사회풍습, 국력 등의 다양한 영향을 받으며 발전해 왔다.

■ 서양요리의 전파

서양요리는 문화적으로나 경제적으로 발전이 빨랐던 그리스, 이탈리아, 프랑스를 중심으로 발전된 요리였으며, 제2차 세계대전 이후 급성장한 경제력과 군사력을 가진 미국에 의하여 전 세계에 빠른 속도로 전파되었다.

■ 서양요리의 일반적인 특징

서양요리는 한국음식과는 달리 아침메뉴와 저녁메뉴로 구분되어 있고 한번에 차리는 것이 아니라 시간에 따라 음식이 나오며 식사를 할 때에는 와인을 함께 마신다. 그리고 개인용 그릇·스푼·나이프 등이 음식에 따라서 다르므로 위생적이다. 이런 점에서 서양의 식사예법은 동양과 다른 점이 많다.

■ 서양요리의 재료

서양요리의 재료로는 수, 조, 육류가 많이 쓰이며, 우유, 유제품, 유지가 많이 이용된다. 조미료로서는 식품의 맛을 그대로 유지시킬 수 있도록 소금을 사용하고, 또한 여러 가지 향신료와 주류를 사용하여 음식의 향미를 좋게 하며, 재료와 조리법에 어울리는 많은 소스가 개발되었다. 오븐을 사용하는 조리가 발달하였고, 간접적인 조리방법을 사용하여 식품의 맛과 향미, 색상을 살려 조리하는 특징도 있다.

■ 서양요리의 역사

1) **최초** 서양요리는 불의 발견으로 인한 최초의 요리방법인 구이로부터 시작된 것으로 본다. 그리고 옹기가 발명되면서 삶는 요리를 하게 되었다. 프랑스 등 유럽 전역에 존재하고

있는 동물벽화나 이집트의 피라미드에서 발견되고 있는 요리에 대한 흔적으로 보아 고대 이전부터 인간들은 이미 대단히 발전된 요리를 즐기고 있었던 것으로 추정된다.

2) **고대 그리스의 요리** 그리스인들은 하루 네 끼의 식사를 하며 육류 요리에 오레가노와 큐민같은 향신료도 사용하였다. 바다에 둘러싸여 있는 지리학적 특성으로 참치와 가자미, 문어, 도미 등 풍부한 해산물을 이용한 요리가 많고, 이것들을 저장하기 위한 방법으로 소금에 절이는 염장법을 많이 사용하였다. 그리스는 지형적으로 온화한 기후여서 재료가 풍부하고, 귀족사회에 바탕을 둔 노예제도가 있어 요리를 전적으로 담당하는 분업이 이루어질 수 있었기에 요리발전을 이룰 수 있었다.

3) **로마시대의 요리** 로마시대에는 거대한 국력과 권력을 바탕으로 한 부의 발전이 상류층의 요리에 대한 관심을 극적으로 불러 일으켰다. 그리스의 풍부한 문화를 기반으로 한 로마인들의 식습관에 중국의 실크로드를 통한 아시아인들의 왕래로 새로운 요리의 기술과 방법, 재료가 어우러져 다양한 요리가 발달하였다. 옥수수가 이집트로부터 들어오고, 올리브오일은 스페인, 햄은 고을(Gaul : 고대 프랑스 사람들), 향신료는 아시아로부터 들어와 진정으로 요리의 전성기를 맞이하게 된다.

4) **14C** 소스의 사용이 조리기술 중 으뜸으로 평가되었다. 굴리아(Goulios)족이었던 프랑스의 선조들은 서양요리의 원조라고 할 수 있고, 프랑스 찰스 5세의 요리사인 기욤 티렐(Guillaume Tirel)이 저술한 르 비앙드(Le Viande)는 그 당시 요리백과사전이라 할 수 있을 만큼 다양한 전통적인 요리에 대해 서술되어 있다.

5) **16C** 이 시기에 나타난 가장 두드러진 요리의 변화는 설탕의 사용이 확대되었다는 점이다. 설탕정제기술의 발달로 중세시대보다는 설탕을 얻기가 쉬워졌고, 설탕을 이용하여 젤리나 잼을 만들기 시작했다. 1533년 이탈리아 피렌체의 메디시스가 공주인 카트린느 드 메디시스(Catherine de Medicis, 1519~1589)가 프랑스 국왕 앙리 2세(1519~1559)와 결혼하면서부터 프랑스의 식문화가 크게 달라졌다. 16C까지만 해도 프랑스의 식문화는 그리 풍성하지 못했다. 그랬던 프랑스의 식문화가 지금처럼 완성될 수 있었던 것은 이탈리아에 의해서였다. 그녀가 가져온 많은 식기와 함께 온 요리사들에 의해 궁의 음식이 변하면서 식문화는 달라졌고, 프랑스 요리의 르네상스가 시작되었다.

6) **17C** 이 시기에는 여러 가지 주목할 만한 요리의 변화가 일어났는데, 첫 번째는 17C에 이르러서 버터가 돼지기름으로 대체되기 시작하였다는 것이고, 두 번째는 루(Roux)가 도입되었다는 점이다.

7) **18C** 이 시기에는 현대적인 풍미의 엔쵸비, 케이퍼 등이 사용되었다. 특히 이 시기에 많은 소스가 소개되었는데, 브이용(Bouillon)과 꿀리(Coulis)가 합쳐져 로베르트(Rorert)가 파생되었으며, 신맛의 식재료와 오일이나 버터가 합쳐지기도 하였다. 또한 달걀노른자를 이용한 홀렌다이즈(Hollandaise) 소스가 이때 등장하였다.

8) **19C** 이 시기에 접어들면서 드디어 전통적인 프랑스 요리가 등장하였다. 이 시대에는 본격적으로 홀렌다이즈 소스, 벨루테가 소개되었으며, 토마토 소스와 케첩, 마요네즈 등도 만들어지기 시작하였다.

9) **오늘날의 요리** 오늘날의 요리는 간편한 요리, 자연 그대로의 요리, 퓨전스타일의 요리 등 다양한 스타일로 변하고 있다. 그러나 모든 요리는 요리사가 정성을 갖고, 먹는 사람을 위해 진정한 마음으로 만들어야 한다는 것은 변함없다.

우리나라에서 서양요리

1888년, 인천에 외국인을 대상으로 일본인 호리 리키타로가 우리나라 최초의 서구식 호텔인 대불 호텔을 건립함으로써 서양요리가 공식적으로 첫선을 보였다고 짐작된다. 이후 1897년 손탁이 손탁호텔을 경영하면서부터는 상류사회에까지 서양요리가 보급되었다. 1914년 3월 조선호텔이라는 본격적인 서구식 호텔이 생기면서 한국의 서양요리도 일대 전환기를 맞게 되었다. 이후 서양연회인 방켓(Banquet)의 경험도 쌓게 되었는가 하면 철도식당인 서울역 내 그릴(Grill)이 1925년에 탄생을 함으로써 오늘날 서양요리의 조리기술을 향상시키는 데 크게 기여하였다.

서양요리의 중심

한국에서는 프랑스, 영국, 독일, 이탈리아 및 미국의 요리가 혼합된 것, 그 일부가 가미된 것으로 알려졌지만 실제로 서양요리의 중심은 프랑스 요리이며, 국제적인 연회에도 프랑스의 조리법이 사용되고, 메뉴도 프랑스어로 적는 것이 관행이다.

Western Food

서양요리의 식사예절

■ 자리에 앉는 법

식사 참석여부를 알린 뒤 약속시간 5분전에 도착한다. 웨이터가 의자를 빼주면 의자의 왼쪽에서 오른쪽으로 들어가 앉고 식탁과 몸 사이는 10~15cm 정도로 띄운다.

■ 냅킨 사용법

식사자리에 모두가 참석하고 나면 조용히 냅킨을 집어 다 펴거나, 두 번 접어진 데까지 펴서 접힌 부분이 몸 쪽으로 오게 무릎 위에 얹는다. 냅킨은 식사 중에 입에 음식이 묻은 것을 살짝 닦거나, 핑거볼(손가락을 씻기 위한 물을 담은 작은 그릇)에 씻은 손가락 등을 닦는 데 사용한다. 식사 도중에 자리를 잠시 비울 때는 자연스럽게 접어서 의자 위에 놓으며 식사가 끝나고 나면 가볍게 접어서 테이블 왼쪽에 놓아두면 된다.

■ 포크, 나이프, 스푼 사용법

전채요리를 먹을 때 포크나 스푼을 사용하며, 너무 많이 먹지 않는다. 요리용 포크와 나이프는 바깥쪽에서부터 집어서 사용하며 왼손에는 포크를, 오른손에는 나이프를 쥔다. 왼손에 쥐었던 포크는 오른손으로 옮겨서 음식을 먹어도 무방하다. 식사 도중에 포크와 나이프를 접시에 내려놓을 때는 여덟팔자(八) 모양으로 접시 위에 걸쳐 놓고, 식사가 끝나면 접시 오른쪽에 나이프의 칼날이 안쪽을 향하게 하여 포크와 함께 가지런히 접시 위에 놓는다.

■ 기타 식탁예법

1) 수프를 먹을 때는 왼손으로 접시 가장자리를 받쳐 들고 스푼을 자기 앞에서 바깥쪽으로 향하여 밀어가며 먹는다.
2) 다른 손님의 식사 테이블을 손으로 가리키며 주문하지 않는다.
3) 식사 중 포크와 나이프를 들거나 식사테이블에 팔꿈치를 올려놓는 행동은 삼간다.
4) 식사 중 포크와 나이프가 떨어져도 본인이 직접 줍지 않고 웨이터를 불러 처리하도록 한다.
5) 식사테이블 위에 양념그릇이 멀리 떨어져 있을 경우 가까운 손님에게 정중하게 부탁하거나 웨이터의 도움을 받는 것이 좋다(절대 본인이 직접 가져오지 않는다).
6) 빵은 손으로 뜯어 버터나 잼을 발라 먹으며, 포크와 나이프를 사용하지 않는다.

7) 생선요리에는 백포도주, 육류요리에는 적포도주가 나오며 식사 도중에는 주류를 조금만 마신다.

■ 테이블 셋팅

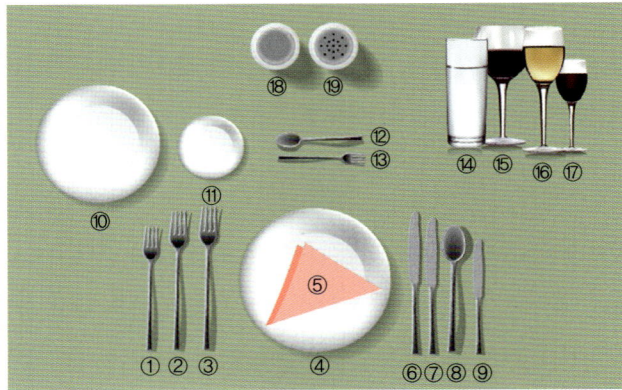

① 오드블용 포크　⑪ 버터볼
② 생선용 포크　⑫ 디저트용 스푼
③ 고기용 포크　⑬ 디저트용 포크
④ 서비스 접시　⑭ 물잔
⑤ 냅킨　⑮ 적포도주잔
⑥ 고기용 나이프　⑯ 백포도주잔
⑦ 생선용 나이프　⑰ 쉐리와인잔
⑧ 수프 스푼　⑱ 소금
⑨ 오드블용 나이프　⑲ 후추
⑩ 빵접시

Tip 호텔 주방직급 및 직무

총주방장(Executive Chef) : 최고 총괄 책임자
⬇
부총주방장(Executive Sous Chef) : 조리 부총괄 책임자
⬇
단위 주방장(Sous Chef) : 단위 부서의 장
⬇
수석 조리장(Chef de Parties) : 메뉴 계획 및 생산
⬇
부조리장(Demi Chef) : 조리사 겸 견습리더
⬇
1급 조리사(1st Commi) : 기술적 요리생산
⬇
2급 조리사(2nd Commi) : 조리 업무 담당
⬇
3급 조리사(3rd Commi) : 단순 식재료 조리
⬇
보조 조리사(Apprentice) : 조리할 식재료 손질

Western Food

기본 조리법 및 조리용어

■ **기본조리법**

1) **브로일링(Broiling, 구이)** 석쇠 위쪽에 열원이 있는 Over Heat 방식으로 조리시간이 빠르다. 식재료에 직접적으로 열이 닿게 되면 재료에 손상을 입게 되므로 금속성 조리기구에 열을 먼저 가한 다음 적정온도가 되었을 때 재료를 넣어 조리하는 방법이다. 최초의 열은 매우 고온으로 1,000도 이상이지만 방사에 의해 철판 또는 금속성 조리기구로 전달되어감에 따라 최종 온도는 조리에 알맞게 된다.

2) **그릴링(Grilling, 석쇠구이)** 석쇠 바로 아래에 위치한 열원으로부터 에너지를 받아 조리를 하는 Under Heat 방식으로 훈연의 향을 돋울 수 있고 석쇠의 온도 조절이 용이하다. 석쇠는 철판을 달구어 음식이 붙지 않게 구워야 하는데, 단 육류는 줄무늬가 나도록 굽는다.

3) **로스팅(Roasting, 오븐굽기)** 육류나 가금류 등을 통째로 혹은 큰 고깃덩어리를 오븐 속에 넣어 굽는 방법으로, 뚜껑을 덮지 않은 채로 조리한다. 굽는 동안 육즙이 빠져 나오는 것을 최소화 하기 위하여 고깃덩어리를 오븐에 넣기 전에 전처리로 소테를 하여 갈색으로 낸 후에 넣거나 오븐의 온도를 처음에는 고온으로 하여 육고기의 표면을 수축시켜 익힌 다음, 온도를 다시 낮추어 충분한 시간을 들여 속까지 익힌다.

4) **베이킹(Baking, 굽기)** 오븐(Oven) 안에서 건식열로 굽는 방법으로 주로 제과에서 빵을 구울 때 쓰는 조리용어이며, 두꺼운 케이스에 반죽을 담아 오븐에 굽는 방법이다. Bread류, Tart류, Pie류, Cake류 등 빵집에서 많이 사용된다. 조리속도는 느리지만, 음식물의 표면에 접촉되는 건조한 열은 그 표면을 바싹 마르게 구워 맛을 높여준다.

5) **소테(Sauteing, 빨리 볶기)** 소테는 건식열 조리방법 중에서도 전도열에 의한 대표적인 조리방법으로 얇은 Saute Pan이나 Fly Pan에 소량의 Butter 혹은 Salad Oil을 넣고 채소나 잘게 썬 고기류 등을 200℃ 정도의 고온에서 살짝 볶는 방법이다. 소테를 이용한 조리는 많은 양을 조리하기 보다는 적은 양을 순간적으로 실행하는 매우 효과적인 조리방법이다. 주로 중식 조리에 많이 쓴다.

6) **팬 프라잉(Pan Flying, 볶기)** 팬 프라잉은 소테와 동일하나 조리시작 때의 표면 온도는 소테보다 비교적 낮으며 조리시간도 길다. 팬 프라잉을 할 때 연기가 날 정도는 아니더라도 충분히 예열이 되어 있어야 한다. 그 이유는 일단 조리할 재료에 필요 이상으로 기름이 스며

드는 것을 막아야 하기 때문이고, 낮은 온도에서 시작하면 완성되었을 때 요리의 질감이 떨어지기 때문이다. 팬 프라잉을 시작하는 온도는 소테보다 조금 낮은 170℃가 적합하다.

7) **딥 팻 프라잉(Deep Fat Flying, 튀김)** 딥 팻 프라잉은 건식열 조리방법에서 기름의 대류(Convection)원리를 이용하는 대표적인 조리방법으로 기름에 음식물을 튀기는 방법이다. 튀김온도는 수분이 많은 채소일수록 비교적 저온으로 하며, 생선류, 육류의 순으로 고온처리 한다. 딥 팻 프라잉에는 많은 양의 기름에서 자유롭게 하는 Swimming Method, 많이 넣어 튀기는 Basket Method 두 가지 방법이 있다.

8) **보일링(Boiling, 끓이기)** 보일링은 식재료를 육수나 물 등의 액체에 넣고 끓이는 방법으로, 식재료에 따라 여러 가지 방법으로 끓일 수 있다. 생선과 채소는 다량의 수분을 함유하므로 국물을 적게 넣고 끓이고, 건조한 것은 국물을 많이 넣어 끓인다. 찬물에서부터 재료(육류나 채소)를 넣고 끓일 경우에는 재료의 세포막이 열리므로 맛을 손실할 우려가 있으나, 뜨거운 물에 데칠 경우에는 세포막이 열리지 않으므로 맛을 보존할 수 있다.

9) **시머링(Simmering, 은근히 끓이기)** 시머링은 낮은 불에서 끓여 대류현상을 유지하면서 조리하는 재료가 흐트러지지 않도록 조심스럽게 끓이는 것을 의미한다. 주로 콘소메를 만들 때 쓰는 방법으로 온도는 85~96℃ 사이로 비교적 높은 열을 유지하여 내용물이 계속적으로 조리되도록 하여야 한다. 시머링의 목적은 요리될 재료의 습식열로 인하여 음식을 부드럽게 하고, 국물을 우려내기 위함이다.

10) **블랜칭(Blanching, 데침)** 블랜칭은 짧은 시간에 재빨리 재료를 익혀내기 위한 목적으로 사용되는 조리법으로 적은 양의 식재료를 많은 양의 물 또는 기름 속에 집어넣어 짧게 조리하는 방법이다. 데칠 시에는 기름과 물을 매개체로 하여 재료를 익히는데, 높은 열에서 조리가 시작되고 재료와 매개체(주로 액체)의 비율은 1 : 10 정도를 유지해야 한다. 블랜칭에 주로 사용되는 재료는 푸른색을 지닌 채소로써 엽록소를 높은 열에서 고정시키기 위해 데친 후에 즉시 찬물에 담가 식혀야 한다.

11) **스티밍(Steaming, 증기찜)** 스티밍은 수증기의 대류를 이용하는 방법으로 수증기의 열이 재료에 옮겨져 조리되는 원리이다. 수증기는 공기 중으로 퍼져나가는 속도가 매우 빠르고 일정한 공간을 확보해야 조리가 가능하다. 증기를 사용한 조리는 액체를 담고 액체와 수증기를 분리시킬 수 있는 분리대를 설치한 후 그 위에 재료를 놓고 뚜껑을 덮어 수증기를 모아 조리를 한다. 조리온도는 100℃ 이상에서 시작한다. 이 방법은 음식의 신선도를 유지하기 좋으며 작은 공간에서도 대량으로 조리할 수 있고 끓이기에 비하여 풍미와 색채를 살릴 수 있고 영양 손실이 적다는 장점이 있다.

12) 포우칭(Poaching, 삶기)   포우칭은 액체의 온도가 재료에 전달되는 전도현상을 이용한 습식열 조리방법이다. 포우칭은 달걀이나 단백질 식품 등을 비등점 이하의 온도(65~92℃)에서 끓고 있는 물, 혹은 액체 속에 담가 익히는 방법인데 그 이유는 낮은 온도에서 조리함으로써 단백질 식품의 건조하고 딱딱해짐을 방지하고 부드러움을 살리기 위해서이다. 포우칭에는 적은 양의 액체(재료의 1/2)로 하는 Shallow Poaching, 많은 양의 액체에서 조리하는 Submerge Poaching의 두 가지 방법이 있다.

13) 글레이징(Glazing, 졸이기)   글레이징은 설탕이나 버터, 육즙 등을 농축시켜 음식을 윤기나게 하는 조리방법이다.

14) 브레이징(Braising, 찜)   브레이징은 서양요리에서 건식열과 습식열 두 가지 방식을 이용한 대표적인 조리방법으로 건식열로 높은 온도에서 겉표면을 갈색이 나게 응고한 후 소스와 채소를 넣어 푹 익힌 우리나라의 찜과 비슷한 조리법이다. 브레이징은 일반적으로 덩어리가 크고 육질이 질긴 부위나 지방이 적게 함유된 고기를 조리할 때 사용하나, 지방이 적은 고기일 경우 때로는 Larding(라딩 : 고기 속에 인위적으로 지방을 삽입하는 조리방법)을 하여 브레이징한다.

15) 스튜잉(Stewing, 탕/찜)   스튜잉은 건식열과 습식열을 겸해서 사용하는 혼합된 조리방법이다. 스튜는 작은 고깃덩어리를 높은 열을 이용해 표면에 색을 낸 다음 습식열로 조리하는 것이 특징이다. 스튜를 할 때에는 소스를 충분히 넣어 재료가 잠길 정도로 하고 완전히 조리될 때까지 건조되는 일이 없도록 해야 한다. 보통 브레이징보다는 조리시간이 짧은데 그 이유는 브레이징에 비하여 주재료의 크기가 작기 때문이다.

16) 바비큐(Barbecue)   굽는 것으로 언급되는 바비큐는 일반적으로 화로를 놓고 재료에 그릴이나 쇠꼬챙이를 끼워 조리하는 것을 말한다. 화로의 종류는 뜨거운 석탄을 열로 사용하는 간단한 그릇에서부터 증기, 전기까지 다양하며 바비큐를 할 수 있는 재료 역시 광범위하다.

■ 전채식 관련 용어

1) 애피타이저(Appetizer)   코스요리에서 가장 먼저 제공되는 메뉴로 일반적으로 신맛과 짠맛을 주어 입 안의 침샘을 자극하여 식욕을 촉진하는 역할을 하는 전채요리이다.

2) 카나페(Canape)   작게 자른 빵 조각 위에 엔쵸비, 치즈 등으로 여러 가지 모양으로 장식을 하는 요리이다. 빵 조각대신 크래커나 페스트리도 Base로 쓰인다. 카나페는 단순하고 정교한 모양으로, 차거나 뜨겁게 준비하며 칵테일과 함께 식욕을 촉진하는 역할을 한다. 카나페란 불어로 '긴 의자'를 의미한다.

3) **캐비어(Caviar)** 철갑상어의 알을 소금에 절인 것으로 알의 크기와 가공처리법에 따라 품질의 등급이 결정된다. 캐비어의 종류에는 베루가(Beluga, 2m~4m의 크기로, 200~400kg의 철갑상어에서 채취, 회색), 오세트라(Osetra, 2m 정도의 크기로, 50~80kg의 철갑상어에서 채취, 브라운색), 세부루가(Sevruga, 1~1.5 정도의 크기로 8~15kg 크기의 철갑상어에서 채취, 알의 크기가 작고 회색)가 있다.

4) **포아그라(Foie Gras)** 비대한 간이란 뜻으로 거위에 강제로 사료를 먹여 간을 크게 만드는 것으로 프랑스 남부지방과 알자스 지방에서 생산된 것을 상품으로 치며 고급 전채요리의 대표로 쓰인다.

5) **트뤼프(Truffle)** 송로버섯이라고도 하며 프랑스 3대 진미 중 하나로 땅속에서 종균이 자라 사과크기 정도로 자란다. 검정색과 흰색이 있는데 흰색 트뤼프는 날 것으로만 즐길 수 있다.

■ 수프 관련 용어

1) **차우더(Chowder)** 농도가 진한 해산물 수프로 이 중 Clam Chowder가 가장 유명하다. 프랑스의 Chaudiere, a Caldron에서 한 어부가 바다에서 잡은 신선한 해산물로 스튜를 만든 것에서 그 이름이 유래되었다. 뉴잉글랜드형의 차우더는 우유나 크림으로 만들고 맨하탄형 차우더는 토마토로 만든다. 차우더는 각종 해산물과 채소 등을 사용하고 크래커로 걸쭉하게 만들기도 한다.

2) **콘소메(Consomme)** 고기나 생선을 이용하여 맑게 끓이는 국물로 뜨겁게 또는 차게 제공되며 수프나 소스의 베이스로써 다양하게 사용된다. Double 콘소메의 경우 레귤러 싱글 콘소메의 부피가 반이 될 때까지 졸이므로 향기가 두 배가 된다.

> **참고**
>
> 1) 수프에 곁들이는 요리에 관한 용어(Soup Garnish)
> (1) 크루톤(Crouton) : 식빵을 두께, 크기 모두 1cm의 네모로 잘라 170~180℃의 기름에 튀기거나 구워 종이를 깐 그릇에 두어 기름을 뺀 뒤 사용하거나 오븐에서 정제버터를 뿌려가며 골든 브라운색으로 만들어 사용한다.
> (2) 토마토 콘카세(Tomato Concasse) : 토마토를 꼭지를 따고 끓는 물에 잠깐 담갔다가 건져, 껍질을 벗기고 칼집을 넣어 씨와 물기를 짜내고, 0.5~1cm 정도의 네모로 썰어 버터를 놓인 팬에 볶는 것이다. 그냥 쓰기도 하고 수프에 넣기도 한다.
>
> 2) 주방의 분류
> (1) 가드망제 주방(Garde Manger kitchen) : 육류나 생선류 등을 조리하기 위해 준비하는 곳으로 찬 음식을 만드는 주방
> (2) 부처 주방(Butcher Kitchen) : 생선, 육류, 가금류 등을 가공하는 주방
> (3) 메인 주방(Hot & Production Kitchen) : 소스 로스팅, 그릴링, 브레이징 등을 하는 메인 주방

Western Food

서양요리에 사용되는 채소

■ 잎채소류

1) 양상추(Lettuce)

양상추

① 설명 : 국화과의 식물로 결구상추 또는 통상추라고도 한다. 품종은 크게 크리습 헤드(Crisp Head)류와 버터 헤드(Butter Head)류로 나뉜다. 크리습 헤드는 현재 가장 많이 재배되는 종류로 잎 가장자리가 깊이 패어 들어가고 물결 모양을 이룬다. 버터 헤드는 반결구이고 유럽에서 주로 재배하며, 잎 가장자리가 물결 모양이 아니다. 수분이 전체의 95%를 차지하고, 그 밖에 탄수화물 · 조단백질 · 조섬유 · 비타민 C 등이 들어 있다. 양상추는 쓴맛이 강한데 락투세린(Lactucerin)과 락투신(Lactucin)이라는 알칼로이드 성분 때문이다. 이것은 최면 · 진통 효과가 있어 양상추를 많이 먹으면 졸음이 온다.

② 용도 : 주로 샐러드로 많이 사용한다.

2) 시금치(Spinach)

시금치

① 설명 : 아시아 서남부가 원산지로 높이 약 50cm의 명아주과의 식물로 한국에는 조선 초기에 중국에서 전해진 것으로 보인다. 시금치 100g 중에는 철 33mg, 비타민 A_2, 600IU, 비타민 B_1 0.12mg, 비타민 B_2 0.03mg, 비타민 C 100mg과 비타민 K도 들어 있어, 중요한 보건식품이다.

② 용도 : 데치거나 볶아 곁들임 채소로 사용한다.

3) 양배추(Cabbage)

양배추

① 설명 : 지중해 연안과 소아시아가 원산지이다. 겨자과 식물로 잎은 두껍고 털이 없으며, 분처럼 흰빛이 돌고 가장자리에 불규칙한 톱니가 있으며, 주름이 있어 서로 겹쳐지고 가장 안쪽에 있는 잎은 공처럼 둥글며 단단하다. 양배추는 칼슘과 비타민이 많이 들어 있어 샐러드로 많이 이용되고, 유럽에서는 양배추 수프를 전통음식으로 즐기고 있다.

② 용도 : 데치거나 볶기도 하며 주로 샐러드에 사용한다.

4) 로메인(Romaine)

① 설명 : 로마시대 때 로마인들이 즐겨 먹던 상추라고 하여 붙여진 이름이다. 에게해 코스섬 지방이 원산지여서 코스상추라고도 한다. 성질이 차고 쌉쌀한 맛이 있다. 효능으로는 피부가 건조해 지는 것을 막아주고, 잇몸을 튼튼하게 하여 잇몸의 출혈을 막아준다.

② 용도 : 시저 샐러드 등 고급 샐러드에 사용한다.

로메인

5) 아루굴라(Arugula, 로켓)

① 설명 : 십자화(배추과) 식물로 약간 쌉쌀하고 향긋한 정통 이탈리아 채소이다. 성장속도는 대단히 빨라 파종 후 2개월 정도면 수확하여 식탁에 올릴 수 있고, 2~3번 정도 더 수확할 수 있게 새싹이 올라온다. 로켓, 로큐테라고도 불린다.

② 용도 : 샐러드나 생으로 먹기도 한다.

아루굴라

6) 롤라로사(Lolla Rossa)

① 설명 : 국화과 식물로 롤라로사란 이탈리아어로 장미처럼 붉다는 뜻으로 색이 고운 이탈리아 꽃상추이다. 수확시 뿌리 바로 끝에서 잘라야 영양가 손실이 적다.

② 용도 : 샐러드로 사용한다.

7) 청경채(Bok Choy)

① 설명 : 중국이 원산지로 겨자과에 속하는 중국배추의 일종이다. 작은 배추모양으로 잎줄기가 청색인 것을 청경채, 백색인 것을 백경채라고 부르는 것에서 유래된 이름이다. 녹즙으로 마시며 위를 튼튼하게 하고 특히 변비와 종기에 효과가 있다. 칼슘과 인, 비타민 C가 많고 씨는 탈모에 좋다. 특별한 향이나 맛은 없지만 매우 연하다.

② 용도 : 데쳐서 곁들임 채소나 볶음에 사용한다.

청경채

8) 그린 치커리(Green Chicory)

① 설명 : 북유럽이 원산지이다. 국화과에 속하는 식물로 쓴맛이 강하게 나는 특징이 있다. 잎은 식용으로 사용하고 굵은 뿌리는 건조시켜 음료를 만드는 데 쓰인다. 치커리는 간을 튼튼하게 하고 콜레스테롤을 줄여주며 당뇨병의 예방에도 효과가 있다.

그린 치커리

Western Food

　② 용도 : 샐러드나 쌈채소로 많이 이용된다.

9) 라디치오(Radicchio)

　① 설명 : 이탈리아가 원산지이다. 잎이 둥글고 백색의 잎줄기와 붉은색의 잎이 조화를 이루는 아름다운 장식 채소이다. 레드치커리의 결구된 것을 일컫는데 국내에서는 소량씩 생산되고 있으며 제품의 대부분이 수입에 의존하고 있다. 쓴맛이 나는 인터빈이 들어 있어 소화를 촉진시키고 혈관계를 강화시킨다.

라디치오

　② 용도 : 샐러드로 이용한다.

10) 벨지움 엔다이브(Belgium Endive)

　① 설명 : 배추 속처럼 치커리 뿌리에서 새로 돋아난 싹으로 처음 브뤼셀 근처에서 생산되었다고 하여 지어진 이름이다. 쌉사름한 맛으로 입맛을 돋우며, 치콘의 배추보다 영양가가 높다. 당분이 풍부하여 몸에 잘 흡수하므로 다이어트 채소로 인기가 높다. 이뇨제, 완화제로 쓰이며 류마티스와 관절염, 중풍 등을 예방하는 효과가 있다.

벨지움 엔다이브

　② 용도 : 샐러드, 가니쉬로 이용한다.

11) 그린 비타민(Green Vitamin)

　① 설명 : 중국이 원산지로 맛이 담백하여 어떤 요리와도 잘 어울린다. 그린 비타민의 어린 잎은 각종 비타민이 풍부하고, 혈액순환 및 위를 튼튼하게 하는 효과가 있으며, 지혈, 해독, 당뇨, 빈혈에도 효과가 있다. 추위에 잘 견디는 특징이 있다.

그린 비타민

　② 용도 : 샐러드에 이용한다.

■ 줄기채소류

1) 아스파라거스(Asparagus)

　① 설명 : 백합과에 속하는 식물로 남유럽이 원산지이다. 기원 전부터 재배하여 그리스, 로마시대부터 먹기 시작한 고급채소이다. 아스파라긴과 아스파라긴산이 많은 것이 특징이며, 영양조성이 우수하다. 아미노산으로 잘 알려진 아스파라긴은 이 식물에서 처음 발견하였기 때문에 붙여진 이름이다. 어린 줄기를 데쳐 연하게 만들어 식용한다.

아스파라거스

② 용도 : 곁들임 채소나 볶음 등에 사용한다.

2) 셀러리(Celery)

① 설명 : 미나리과에 속하며 남유럽, 북아프리카, 서아시아가 원산지이다. 본래 야생 셀러리는 쓴맛이 강하였으나 17C 이후 이탈리아인들에 의해 품종이 개량되어 현재에 이르고 있다. 전체에 향이 있어 서양요리의 중요한 식재료이다.

셀러리

② 용도 : 샐러드나 볶음, 생선이나 육류 요리에 향채로 많이 사용한다.

■ 열매채소류

1) 토마토(Tomato)

① 설명 : 남아메리카 서부 고원지대가 원산지이다. 가지과의 식물이며 장과에 속하는 열매로서 6월부터 붉은빛으로 익는다. 항산화 물질인 리코펜을 함유하고 있으며 그 외 강력한 항암 물질도 함유하고 있고 비타민 A와 비타민 C가 많이 들어 있다. 민간에서 고혈압, 야맹증, 당뇨 등에 약으로 쓴다.

토마토

② 용도 : 샐러드, 소스 등 다양하게 사용한다.

2) 오이(Cucumber)

① 설명 : 장과의 열매로 원주형이며, 가시같은 돌기가 있다 없어지고, 녹색에서 짙은 황갈색으로 익어 황과라고도 불린다. 오이는 중요한 식용작물의 하나로 칼륨 함량이 높고 체내에 노폐물을 체외로 배출하는 작용을 하며 알칼리성 식품이다.

오이

② 용도 : 생으로 샐러드에 쓰거나 절임 등에 사용한다.

3) 스트링 빈스(String Beans)

① 설명 : 껍질이 있는 스트링 빈스는 다 자라지 않은 어린 꼬투리를 수확하므로 부드럽고 향이 좋다. 하지만 꼬투리를 따라서 하나의 굵은 섬유질이 있으므로 조리를 하기 전에 제거하는 것이 좋다. 빈스를 조리할 때에는 통째로 조리할 수도 있지만 길이로 자르거나 엇비슷하게 잘라서 요리하기도 한다.

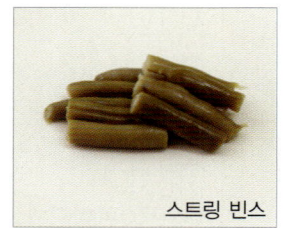
스트링 빈스

② 용도 : 데쳐서 버터에 소테하여 곁들임 채소로 사용하거나 샐러드 등에 사용한다.

뿌리채소류

1) 당근(Carrot)

① 설명 : 미나리과 식물로 홍당무라고도 하며, 아프가니스탄이 원산지이다. 뿌리는 굵고 곧으며 황색·감색·붉은색을 띤다. 이 뿌리 부분을 채소로 식용하는데, 비타민 A와 비타민 C가 풍부하다. 한방에서는 뿌리를 학슬풍이라는 약재로 쓰는데, 이질·백일해·기침·복부팽만에 효과가 있고 구충제로도 사용한다.

② 용도 : 샐러드, 스튜 등 다양하게 사용한다.

당근

2) 양파(Onion)

① 설명 : 백합과 식물로 서아시아 또는 지중해 연안이 원산지라고 추측하고 있다. 양파는 주로 비늘줄기를 식용으로 하는데, 비늘줄기에서 나는 독특한 냄새는 이황화프로필·황화알릴 등의 화합물 때문이다. 이것은 소화액 분비를 촉진하고 흥분, 발한, 이뇨 등의 질병에 효과가 있다. 또한 비늘줄기에는 각종 비타민과 함께 칼슘, 인산 등의 무기질이 들어 있어 혈액 중의 유해물질을 제거하는 데 좋다.

② 용도 : 샐러드, 수프, 육류 요리와 향신료용 등으로 사용한다. 특히 비늘줄기는 샐러드나 수프, 그리고 육류 요리에 많이 사용되며, 각종 요리에 향신료 등으로 이용된다.

양파

버섯류

1) 양송이버섯(Bottom Mushroom)

① 설명 : 서양송이·머쉬룸이라고도 한다. 주름버섯목 주름버섯과의 버섯으로 표면은 백색이며, 나중에 담황갈색을 띠게 된다. 살은 두껍고 백색이며, 주름은 자루 끝에 붙어 있고 빽빽하게 모여 있으며, 발육됨에 따라 흑갈색으로 변한다. 자루는 백색이며 속이 꽉 차 있다.

② 용도 : 굽거나 볶음 요리, 수프 등에 사용한다.

양송이버섯

2) 팽이버섯(Enoki)

① **설명** : 팽나무버섯을 팽이버섯이라고 부른다. 갓이 희고 중심부가 담갈색이고 살이 두꺼운 것일수록 품질이 좋다. 신체 면역체계를 자극하여 각종 바이러스 감염으로부터 보호하며, 암의 발생도 억제한다.

② **용도** : 볶음 요리에 사용한다.

팽이버섯

■ 꽃채소류

1) 브로콜리(Broccoli)

① **설명** : 겨자과의 식물로 꽃채소에 속하며, 지중해 지방 또는 소아시아가 원산지이다. 배추 중에서 꽃부분을 이용하는 대표적인 예라 할 수 있다. 양배추의 변종으로 중앙축과 가지 끝에 녹색 꽃눈이 빽빽하게 난다. 영양가가 높고 맛이 좋다. 브로콜리를 선택할 때는 짙은 녹색을 띠고 꽃봉오리들이 서로 단단하게 붙어 있는 것을 선택한다.

② **용도** : 샐러드나 수프를 만들거나, 데치거나 볶아 곁들임 채소로도 사용한다.

브로콜리

■ 기타

1) 마늘(Garlic)

① **설명** : 백합과 식물이며, 마늘의 어원은 몽골어 만끼르에서 유래하는 것으로 추측되고 있다. 연한 갈색의 껍질같은 잎으로 싸여 있으며, 안쪽에 5~6개의 작은 비늘줄기가 들어 있다. 마늘에는 곰팡이를 죽이는 작용과 대장균, 포도상구균 등의 살균효과가 있다. 마늘의 냄새는 황화아릴때문이며, 비타민 B를 많이 함유하고 있다.

② **용도** : 수프, 육류 요리와 향신료용 등으로 사용한다.

마늘

Western Food

서양요리의 조미료 및 향신료

■ 조미료 및 향신료의 개요

1) **조미료** 음식의 간과 풍미를 향상시키고 재료가 어우러질 수 있게 하는 역할을 하는 것으로 소금, 설탕, 식초 등이 대표적이다.

2) **향신료** 음식에 맛, 색, 향을 내기 위해 사용하는 식물의 종자, 과실, 꽃, 잎, 껍질, 뿌리 등에서 얻은 식물의 일부분을 말한다. 특유의 향미를 가지고 식품의 향미를 북돋게 하거나, 아름다운 색을 나타내어 식욕을 증진시키거나, 소화기능을 돕는다.

3) **오늘날의 향신료** 그 이용부위와 범위가 훨씬 넓어져 향료나 약용, 채소, 양념, 식품 보존제 및 첨가물 등으로 광범위하게 사용되고 있다. 향신료를 음식물에 사용하는 형태는 세 가지로 나눌 수 있다. 요리의 준비나 조리과정 중에 사용하는 쿠킹스파이스, 완성시키거나 완성된 요리에 사용하는 파이널스파이스, 식탁에서 각자의 기호에 따라 사용하는 테이블스파이스로 나눌 수 있다.

4) 향신료는 한 종류만 쓰이기도 하지만, 여러 다른 종류와 배합하여 그 효과를 더 높이기도 한다.

■ 조미료 및 향신료의 종류

{ 소금(Salt) }

백색의 입방체 결정으로 짠맛을 가진 기본적인 조미료로 간을 맞추는데 가장 중요한 역할을 한다. 형태에 따라 호렴, 꽃소금, 맛소금으로 분류되어 사용한다.

{ 설탕(Sugar) }

비환원성의 결정으로 포도당과 과당이 결합된 이당류의 서당이다. 서당은 자연식품 감미의 주요성분이며, 당류 중에서 가장 수응력이 높기 때문에 감미료의 표준으로 사용하고 있다.

{ 식초(Vinegar) }

과실이나 곡물을 사용하여 원료를 만들고 미생물에 의해 알코올과 초산발효를 거쳐 만들어지는 신맛이 나는 조미료이다. 주로 샐러드의 드레싱이나 피클을 만들 때 사용한다.

{ 토마토 페이스트(Tomato Paste) }

토마토를 끓는 물에 데쳐 껍질을 벗겨 퓨레를 만들어 소금, 후추, 설탕 등을 첨가해서 뭉근하게 졸인 것으로 파스타, 피자, 각종 소스의 베이스로 사용한다.

{ 버터(Butter) }

우유를 원심분리하여 얻은 크림을 살균, 혼합하여 세균 배양으로 발효, 숙성시킨 다음 교반하여 뭉쳐 만든다. 비타민 A의 급원으로 유지 중에서 소화가 가장 빠르다.

{ 우유(Milk) }

칼슘과 양질의 단백질, 비타민 B_2 등의 영양이 골고루 들어있는 완전식품으로 버터, 치즈 가공시 원료로 사용되며, 수프나 스튜 등의 농도를 맞추고 맛을 부드럽게 만들어 준다.

{ 포도주(Wine) }

포도즙을 발효시켜 만든 알코올 음료이다. 기호식품으로 음용되지만 요리의 풍미를 좋게 하기 위해 조미료도 사용된다. 주요 육류요리에는 레드 와인을 사용하고 생선요리에는 화이트 와인을 사용한다.

{ 우스터소스(Worchester Sauce) }

토마토, 양파, 사과, 당근 등의 채소즙과 마늘, 소금, 캐러멜 등의 조미료를 섞어 만든 소스로 수프나 육류요리의 맛을 낼 때 사용한다. 영국의 우스터셔(Worcestershire)가 원산지이다.

{ 흰 후추(White Pepper) }

성숙한 열매의 외피를 벗겨서 건조시킨 것으로 식욕을 돋우고 소화를 촉진시킨다. 가루 상태 혹은 으깨서 사용한다.

{ 검은 후추(Black Pepper) }

피페를 니그름이라는 넝쿨에서 완전히 익기 전의 열매를 수확하여 햇볕에 말린 것이다. 서양 향신료 중 가장 일반적으로 사용되는 것으로 흰 후추보다 더 맵고 톡 쏘는 맛이 강하다.

{ 정향(Clove) }

인도네시아 몰루카섬이 원산지로 정향나무의 '꽃봉오리'를 말한다. 덜 익은 꽃봉오리를 따서 말려 육류 가공, 과자류, 푸딩, 수프, 스튜 등에 널리 쓰인다.

{ 겨자(Mustard) }

겨자의 꽃이 핀 후에 열리는 씨를 말려서 가루를 만들어 다른 향신료, 소금, 식초, 기름 등을 섞어서 만든다. 샐러드 드레싱, 햄, 소시지 등에 사용한다.

Western Food

{ 칠리 소스(Chili Sauce) }

토마토에 칠리, 양파, 칠리파우더, 그린페퍼, 식초, 설탕 등을 넣어 만든 소스로 수프, 소스, 육류 및 채소 등의 요리에 이용된다.

{ 월계수잎(Bay Leaf) }

지중해 연안과, 이탈리아, 터키, 그리스 등에서 자라는 월계수잎을 건조시킨 것으로 생잎은 약간 쓴맛이 있지만 건조시키면 달고 독특한 향기가 있어 서양요리에 널리 쓰이는 향신료이다. 고대 그리스인이나 로마인들 사이에서 영광, 승리의 상징으로 쓰인 식물이다.

{카이엔 페퍼(Cayenne Pepper)}

생 칠리를 잘 말린 후 가루를 내어 만든 향신료이다. 칠리는 북아메리카에 널리 자생하고 있는 허브의 일종이다. 옛날 텍사스 대초원에서 소를 방목하던 목동들의 요리사들이 씨를 여기저기 뿌렸다가 맛없는 고기로 식사준비를 할 때 고기의 맛을 감추기 위해 요리에 넣었다고 한다. 매운맛이 매우 강하다. 육류·생선·가금류 요리, 소스 등에 사용한다.

{ 바질(Basil) }

민트과에 속하는 1년생 식물로 원산지는 동아시아이다. 이탈리아와 프랑스 요리에 많이 사용된다. 두통, 신경과민, 구내염·강장·건위·진정·살균효과와 젖을 잘 나오게 하는 효능이 있고, 졸음을 방지한다. 바질오일, 토마토 요리, 생선 요리에 많이 사용한다.

{ 처빌(Chevil) }

미나리과의 한해살이풀로, 유럽과 서아시아가 원산지인 허브의 하나이며, '미식가의 파슬리'라고도 불린다. 재배역사가 아주 오래된 허브 중 하나로 파종 후 약 한 달 반 정도만 지나면 수확할 수가 있어서 유럽에서는 오래 전부터 '희망의 허브'라 하여 사순절에 제일 먼저 먹는 풍습이 있다. 샐러드, 생선 요리, 가니쉬, 수프, 소스 등에 사용한다.

{ 타임(Thyme) }

타임은 '향기를 피운다'는 뜻이다. 쌍떡잎식물의 꿀풀과의 여러해살이풀로 융단처럼 땅에 기듯이 퍼지는 포복형과 높이 30cm 정도로 자라 포기가 곧게 서는 형으로 나눌 수 있다. 향이 강해 장기간 저장해도 손실되지 않으며, 향이 멀리까지 간다 하여 백리향이라고도 한다. 육류 및 가금류 요리, 소스, 가니쉬 등 광범위하게 사용한다.

{ 민트(Mint) }

꿀풀과의 숙근초로 품종에 따라서 향, 풍미, 잎의 색, 형태가 다양하다. 정유의 성질에 따라 페퍼민트, 스피어민트, 페니로열민트, 캣민트, 애플민트, 보울스민트, 오데콜론민트로 구분된다. 지중해 연안의 다년초이며, 전 유럽에서 재배된다. 양고기를 포함한 육류 요리, 리큐르류, 빵, 과자, 음료에 많이 사용한다.

{ 오레가노(Oregano) }

별명이 '와일드마조람'인 오레가노는 그 이름처럼 병충해와 추위에 잘 견디며 야생화의 강인함이 돋보이는 허브이다. 꽃이 피는 시기에 수확하는데 독특한 향과 맵고 쌉쌀한 맛을 가지고 있다. 토마토와 잘 어울리므로 토마토를 이용한 이탈리아 요리, 특히 피자에는 빼놓을 수 없는 향신료이다. 소스, 파스타, 피자, 육류·생선·가금류 요리, 오믈렛 등에 사용한다.

{ 파슬리(Parsley) }

미나리과의 두해살이풀로 세로 줄이 있고 털이 없으며 가지가 갈라진다. 잎은 3장의 작은 잎이 나온 겹잎이고 색은 짙은 녹색으로서 윤기가 나며 갈래 조각은 다시 깊게 갈라진다. 포기 전체에 아피올이 들어 있어 독특한 향기가 난다. 비타민 A와 비타민 C, 칼슘과 철분이 들어있다. 채소, 수프, 소스, 가니쉬, 육류 및 생선 요리 등에 사용한다.

{ 딜(Dill) }

딜은 지중해 연안이나, 서아시아, 인도, 이란 등지에서 자생하는 미나리과의 일년초로 1m 이상 자란다. 딜은 신약성서에 나올 정도로 오랜 역사를 가진 허브이다. 딜의 정유는 비누향료로 잎, 줄기는 잘게 썰어서 생선 요리에 쓴다. 약초 효능도 있어 어린이의 소화, 위장 장애, 장가스 해소, 변비 해소에 좋다. 생선 절임 및 요리 드레싱에 많이 사용한다.

{ 파프리카(Paprika) }

파프리카는 맵지 않은 붉은 고추의 일종으로 열매를 향신료로 이용한다. 열매를 건조시켜 생으로 사용하거나 매운 맛이 나는 씨를 제거한 후 분말로 만들어 사용한다. 카이엔 페퍼보다 덜 맵고 맛이 좋으며, 생산지에 따라 모양과 색깔이 다른데, 헝가리산은 검붉은 색이고 스페인산은 맑은 붉은색이다. 육류 및 생선 요리, 달걀, 소스, 수프, 샐러드 등에 사용한다.

{ 타라곤(Tarragon) }

시베리아가 원산지이고 프랑스 요리에서는 풍미를 내는데 빠지지 않는 향신료이다. 식초나 머스터드 제품의 방향제로 쓰이고, 육류 요리, 달걀 요리, 토마토 요리, 소스, 샐러드 등에 많이 사용된다. 주로 잎을 이용하는데, 조리 시 조금씩만 넣어 사용한다.

Western Food

{ 케이퍼(Caper) }

케이퍼는 지중해 연안에 널리 자생하고 있는 식물로, 향신료로 이용하는 것은 꽃봉오리 부분이다. 꽃봉오리는 각진 달걀 모양으로 색깔은 올리브 그린색을 띠고 있다. 크기는 후추만한 것에서부터 강낭콩만한 것까지 다양하나 향신료로는 주로 식초에 절인 것이 시판되고 있다. 시큼한 향과 약간 매운맛을 지닌다. 샐러드 드레싱, 소스, 파스타, 육류 요리, 훈제연어, 참치 요리 등에 사용한다.

{ 차이브(Chive) }

백합목 백합과의 여러해살이풀 식물로 시베리아, 유럽, 일본 홋카이도 등이 원산지인 허브의 한 종류이다. 차이브는 파의 일종으로 높이 20~30cm로 매우 작으며, 철분이 풍부하여 빈혈예방에 효과가 있고, 소화를 돕고 피를 맑게 하는 정혈작용도 한다. 육류 요리, 생선 요리, 소스, 수프 등에 사용한다.

{ 홀스레디쉬(Horseradish) }

겨자과의 여러해살이풀로 서양고추냉이, 고추냉이무, 와사비무라고도 한다. 원산지는 유럽 동남부이다. 홀스레디쉬는 열을 가하면 그 향미가 사라져 버리기 때문에 생채로 갈아서 쓰거나 건조시켜 사용하며, 로스트 비프, 훈제연어, 생선 요리 등에 사용한다.

{ 로즈마리(Rosemary) }

지중해 연안이 원산지로 솔잎을 닮은 은녹색을 가진 큰 잡목의 잎으로 보라색 꽃이 핀다. 강한 향기와 살균력을 가지고 있다. 스튜, 수프, 소세지, 육류 및 가금류 요리 등에 널리 사용된다.

{ 코리엔더(Coriander) }

미나리과의 한해살이풀 식물로 지중해 연안에 자생한다. 차이니스 파슬리, 고수라고도 하고, 중국, 베트남, 태국 음식에 많이 사용한다.

{ 터메릭(Turmeric) }

카레의 주재료로 사용하며, 강황, 울금이라고도 한다. 아시아의 열대지방이 원산지인 여러해살이풀 식물로 뿌리를 건조시켜 분말로 만들어 사용한다.

조리 기본 썰기 용어

Batonnet or Large Julienne
바또네 또는 라지 줄리앙

0.6cm×0.6cm×6cm 크기로 네모난 막대모양 형태의 채소 썰기이다.

Allumette or Medium Julienne
알류메뜨 또는 미디움 줄리앙

0.3cm×0.3cm×6cm 크기로 성냥개비 크기의 채소 썰기 형태이다.

Fine Julienne
화인 줄리앙

0.15cm×0.15cm×5cm 정도의 크기로 아주 곱게 써는 방법이다.

Cube or Large Dice
큐브 또는 라지 다이스

2cm×2cm×2cm 크기의 주사위 모양으로 써는 네모 썰기이며, 정육면체 형태이다.

Medium Dice
미디움 다이스

1.2cm×1.2cm×1.2cm 크기의 주사위 모양을 정육면체 형태로 써는(무, 감자, 당근 등에 사용) 방법이다.

Small Dice
스몰 다이스

0.6cm×0.6cm×0.6cm 크기의 주사위 모양으로 정육면체 형태의 깍뚝 썰기이다.

Brunoise
브루노와즈

0.3cm×0.3cm×0.3cm 크기의 주사위형으로 작은 형태의 네모 썰기로 정육면체 형태이다.

Fine Brunoise
화인 브루노와즈

0.15cm×0.15cm×0.15cm 크기의 주사위형으로 가장 작은 형태의 네모썰기이며, 정육면체 형태이다.

Paysanne
빼이잔느

1.2cm×1.2cm×0.3cm 크기의 직육면체로 납작한 네모 형태이며 채소수프에 들어가는 채소를 써는 방법이다.

Printanier or Lozenge
쁘랭따니에 또는 로진

두께 0.4cm 가로 세로 1cm~1.2cm 정도의 다이아몬드형으로 써는 방법이다.

Western Food

Chateau
샤토
달걀 모양으로 가운데가 굵고 양쪽 끝이 가늘게 5cm 정도의 길이로 써는 것을 말한다(※ 다듬기라고 볼 수 있으며, 선이 일정한 각도로 휘어져 깎이도록 해야 한다).

Olivette
올리벳트
중간 부분이 둥근, 마치 올리브 모양처럼 써는 방법을 말한다. 이 방법 역시 썬다기보다는 "깎는다", "다듬는다"가 어울린다.

Russe
뤼스
0.5cm×0.5cm×3cm 크기로 길이가 짧은 막대기형으로 써는 것을 말한다.

Carrot Vichy
캐롯 비취
0.7cm 정도의 두께로 둥글게 썰어 가장자리를 비행접시 모양으로 둥글게 도려내어 모양을 내는 것을 말한다.

Chiffonade
쉬포나드
실처럼 가늘게 써는 것으로 바질잎이나 상치잎 등 주로 허브잎 등을 썰 때 사용하며, 겹겹이 쌓은 다음 둥글게 말아서 가늘게 썬다.

Hacher or Chopping
아세 또는 찹핑
채소를 곱게 다지는 것을 말하며, 영어로는 찹핑(Chopping)이라고 한다.

식품의 계량법

■ 계량도구

1) **전자저울** 중량을 측정하며, g, kg의 단위로 나타낸다.

2) **계량컵** 부피를 측정하며, 200ml가 기본 단위이고 그 외 500ml, 1000ml, 2000ml 단위가 있다.

3) **계량스푼** 양념류의 부피를 측정하며, Ts(Table spoon)은 큰술이라고 하며 용량은 15ml 이고, ts(tea spoon)는 작은술이라고 하며 용량은 5ml이다.

■ 올바른 계량방법

재료를 정확하게 측정하기 위해서는 정확한 계량기를 사용하는 것이 중요하다. 가장 대표적인 계량기구로는 저울, 계량컵, 계량스푼이 있다. 저울을 사용할 때는 바늘은 '0'에 고정시켜서 눈금을 정면에서 읽는다.

밀가루, 백설탕 등의 가루로 된 재료는 덩어리졌을 경우 잘게 부수어 체에 친 다음 계량컵이나 스푼의 윗면이 수평이 되도록 깎아서 잰다. 이때 가루는 절대로 흔들거나 꼭꼭 눌러 담지 않도록 한다. 쌀, 콩 등의 곡류는 컵에 가득 담아 살짝 흔든 후 윗면이 수평이 되도록 깎아서 재며, 흑설탕이나 버터, 마가린, 된장, 고추장 등의 수분 함량이 많은 식품은 계량기구에 눌러 담아 빈 공간이 없도록 채운 후 윗면을 깎아 잰다.

■ 계량단위

1Cup = 200ml(200cc) = $13\frac{1}{3}$ Table spoon(한국)

1Cup = 240ml(240cc) = 16Table spoon(미국)

1Table Spoon = 1Ts = 15cc = 3tea spoon

1tea spoon = 1ts = 5cc

Western Food

식품중량표

(단위 : g)

식품명\계량	1작은술	1큰술	1컵
물	5	15	200
굵은소금	4.5	13	160
소금	4	12	167
간장(진간장)	6	18	240
식용유(콩기름)	4	13	170
설탕	4	12	160
식초	5	15	200
밀가루	4	8	95

PART 02

Western Food

02

양식조리기능사 실기편(30가지)

수험자 유의사항 공통

1) 만드는 순서에 유의하며, 위생과 숙련된 기능평가를 위하여 조리작업 시 맛을 보지 않습니다.
2) 지정된 수험자지참준비물 이외의 조리기구나 재료를 시험장내에 지참할 수 없습니다.
3) 지급재료는 시험 전 확인하여 이상이 있을 경우 시험위원으로부터 조치를 받고 시험 중에는 재료의 교환 및 추가지급은 하지 않습니다.
4) 요구사항의 규격은 "정도"의 의미를 포함하며, 지급된 재료의 크기에 따라 가감하여 채점합니다.
5) 위생복, 위생모, 앞치마를 착용하여야 하며, 시험장비·조리도구 취급 등 안전에 유의합니다.
6) 다음 사항에 대해서는 **채점대상에서 제외하니** 특히 유의하시기 바랍니다.
    가) 기　권 – 수험자 본인이 시험 도중 시험에 대한 포기 의사를 표현하는 경우
    나) 실　격 – (1) 가스레인지 화구 2개 이상(2개 포함) 사용한 경우
             (2) 불을 사용하여 만든 조리작품이 작품특성에 벗어나는 정도로 타거나 익지 않은 경우
             (3) 위생복, 위생모, 앞치마를 착용하지 않은 경우
             (4) 시험 중 시설·장비(칼, 가스레인지 등) 사용 시 시험위원 및 타수험자의 시험 진행에 위해를 일으킬 것으로 시험위원 전원이 합의하여 판단한 경우
    다) 미완성 – (1) 시험시간 내에 과제 두 가지를 제출하지 못한 경우
             (2) 문제의 요구사항대로 과제의 수량이 만들어지지 않은 경우
    라) 오　작 – (1) 구이를 조림 등으로 조리하여 완성품을 요구사항과 다르게 만든 경우
             (2) 해당과제의 지급재료 이외의 재료를 사용하거나 석쇠 등 요구사항의 조리도구를 사용하지 않은 경우
    마) 요구사항에 표시된 실격, 미완성, 오작에 해당하는 경우
7) 항목별 배점은 위생상태 및 안전관리 5점, 조리기술 30점, 작품의 평가 15점입니다.
8) 시험시작 전 가벼운 몸 풀기(스트레칭) 동작으로 긴장을 풀고 시험을 시작합니다.

01 치즈오믈렛
Cheese Omelet

시험시간 **20분**

치즈오믈렛은 대표적인 달걀 요리로 주로 아침식사로 제공되며 달걀로만 만든 오믈렛을 플레인(Plain) 오믈렛이라 한다.

요구사항

※ 주어진 재료를 사용하여 다음과 같이 치즈오믈렛을 만드시오.

가. 치즈는 사방 0.5cm 정도로 자르시오.
나. 모양은 타원형으로 치즈가 들어가 있는 것을 알 수 있도록 하고, 익지 않은 달걀이 흐르지 않도록 만드시오.
다. 나무젓가락과 팬을 이용하여 타원형으로 만드시오.

핵심 NOTE

1) 익힌 오믈렛이 갈라지거나 굳어지지 않도록 유의한다.
2) 오믈렛에서 익지 않은 달걀이 흐르지 않도록 유의한다.

지급재료

달걀 3개, 치즈(가로, 세로 8cm 정도) 1장, 버터(무염) 30g, 식용유 20ml, 생크림(조리용) 20g, 소금(정제염) 2g

만드는 방법

① 치즈를 사방 0.5cm로 잘라서 준비한다.

② 달걀 3개를 깨서 소금을 약간 넣고 잘 풀어서 생크림 1큰술 정도를 넣어 체에 내린다.

③ 체에 내린 달걀물에 썰어 놓은 치즈의 1/2 정도를 넣어 섞는다.

④ 팬에 식용유를 두르고 뜨거워지면 버터를 넣어 녹이고, 달걀물을 부은 다음 젓가락을 이용하여 스크램블 에그를 만든다.

⑤ 스크램블 에그가 반 정도 익었을 때 남은 치즈 1/2을 가운데 넣고 스크램블된 달걀을 팬 밖으로 살살 밀어가며 양쪽을 오므려 주면서 굴려 타원형 모양(럭비공 모양)의 오믈렛을 만들어 준다.

▶ 치즈 자르기

▶ 달걀 체에 내리기

▶ 스크램블 에그 만들기

합격 Point

* 팬은 코팅이 잘된 새것을 사용하고, 식용유를 부어 충분히 달군 후 달걀물을 붓는다.
* 오믈렛이 너무 딱딱해지지 않도록 스크램블 상태에서 불을 최대한 낮추고 모양을 잡는다.
* 치즈는 비닐을 벗기지 않고 썰어야 분리하기 좋다.

▶ 오믈렛 만들기

02 스페니쉬오믈렛
Spanish Omelet

시험시간 **30분**

스페니쉬오믈렛은 베이컨, 햄, 양송이, 피망, 토마토 등의 재료에 토마토 페이스트를 넣어 볶아 만든 소를 스크램블 상태의 달걀 가운데 넣고 만든 스페인풍의 오믈렛이다.

요구 사항

※ 주어진 재료를 사용하여 다음과 같이 스페니쉬오믈렛을 만드시오.
가. 토마토, 양파, 피망, 양송이, 베이컨은 0.5cm 정도의 크기로 썰어 오믈렛 소를 만드시오.
나. 소가 흘러나오지 않도록 하시오.
다. 소를 넣어 나무젓가락과 팬을 이용하여 타원형으로 만드시오.

핵심 NOTE

1) 내용물이 고루 들어가고 터지지 않도록 유의한다.
2) 오믈렛을 만들 때 타거나 단단해지지 않도록 한다.

지급재료

토마토(중, 150g 정도) 1/4개, 양파(중, 150g 정도) 1/6개, 청피망(중, 75g 정도) 1/6개, 양송이(10g) 1개, 베이컨(25~30cm) 1/2조각, 토마토케첩 20g, 달걀 3개, 식용유 20ml, 버터 20g, 검은 후춧가루 2g, 소금(정제염) 5g, 생크림(조리용) 20ml

만드는 방법

① 양파, 청피망, 양송이, 베이컨은 사방 0.5cm 정도 크기로 썰고, 토마토는 껍질과 씨를 제거하고 0.5cm 크기로 썰어 놓는다.

② 달걀 3개를 깨서 소금을 약간 넣고 잘 풀어서 생크림 1큰술 정도를 넣어 체에 내린다.

③ 팬에 베이컨을 볶은 후 버터를 넣고 녹인 다음 양파, 양송이를 먼저 충분히 볶고, 청피망, 토마토를 넣어 볶는다. 다음 토마토케첩 1큰술을 넣고 소금, 후춧가루를 약간씩 넣어 간을 맞춘다.

④ 팬에 식용유를 두르고 가열한 다음 버터를 녹이고, 달걀물을 넣고 나무젓가락을 이용해 스크램블 에그를 만든다.

⑤ ④가 반 정도 익으면 볶아 놓은 소를 스크램블 에그 중앙에 넣고 가장자리를 오므려가며 팬 밖으로 밀면서 타원형의 오믈렛을 만든다.

▶ 재료 0.5cm 크기로 썰기

▶ 달걀 체에 내리기

▶ 재료 볶기

▶ 오믈렛 만들기

합격 Point

* 스크램블을 부드럽게 하지 않고 오래 익히면 오믈렛이 갈라지고 딱딱해진다.
* 토마토 한 개가 나오면 토마토 위 부분에 열십자로 칼집을 넣고 끓는 물에 데쳐 껍질을 벗겨 사용한다(단, 시험장에서는 대부분 토마토 조각이 나오므로 껍질과 씨를 제거하고 썰어서 사용한다).
* 오믈렛 팬은 코팅이 잘 되어있는 새것으로 지름 18cm 정도의 크기로 지참하는 것이 좋다.

03 쉬림프 카나페
Shrimp Canape

시험시간 **30분**

카나페는 전채요리로 식욕을 돋우기 때문에 코스요리 중 처음에 나온다. 전채요리를 영어로는 에피타이저(Appetizer), 불어로는 오드블(Hors d´Oeuvre)이라 한다. 쉬림프 카나페는 새우, 달걀, 빵을 이용해서 만들며, 식전에 식욕을 돋우기 위하여 술과 함께 곁들여 내는 요리이다.

요구사항
※ 주어진 재료를 사용하여 다음과 같이 쉬림프 카나페를 만드시오.
가. 새우는 내장을 제거한 후 미르포아(Mirepoix)를 넣고 삶아서 껍질을 제거하시오.
나. 달걀은 완숙으로 삶아 사용하시오.
다. 식빵은 직경 4cm 정도의 원형으로 하고 4개 제출하시오.

핵심 NOTE
1) 새우를 부서지지 않도록 하고 달걀 삶기에 유의한다.
2) 식빵의 수분 흡수에 유의한다.

지급재료

새우 4마리(마리당 30~40g), 식빵(샌드위치 용) 1조각(제조일로부터 하루 경과한 것), 양파(중, 150g 정도) 1/8개, 달걀 1개, 당근 15g(둥근 모양이 유지되게 등분), 셀러리 15g, 버터(무염) 30g, 토마토케첩 10g, 레몬 1/8개(둥근 모양이 유지되게 등분), 흰 후춧가루 2g, 소금(정제염) 5g, 파슬리(잎, 줄기 포함) 1줄기, 이쑤시개 1개

만드는 방법

1. 냄비에 달걀이 잠길 정도로 물을 붓고 물이 끓을 때까지 달걀을 살살 굴려가며 삶다가 물이 끓으면 뚜껑을 덮고 12분 정도 삶은 후 찬물에 식힌다.
2. 새우를 깨끗이 씻고 머리에서부터 세어 두 마디 부분에 이쑤시개를 넣어 내장을 꺼낸다.
3. 냄비에 새우 삶을 물을 올려놓고 미르포아용 양파, 셀러리, 당근, 레몬을 적당한 크기로 채썰고, 파슬리는 찬물에 담가둔다.
4. ❸의 냄비에 물이 끓으면 양파, 셀러리, 당근, 레몬 채썬 것과 손질한 새우를 넣고 3~4분간 삶다가 새우를 건져내고 새우가 식으면 껍질을 벗겨 등 쪽에 칼집을 넣어 새우가 세워질 수 있게 준비한다.
5. 식빵은 4등분한 후 모서리를 조금씩 다듬어 가며 직경 4cm 원형으로 만들어 버터를 바른 후 기름을 두르지 않은 팬에 앞, 뒤를 노릇하게 굽는다.
6. 파슬리는 물기를 제거하고 잎을 떼어서 준비하고, 식힌 달걀은 껍질을 벗긴 후 둥글게 썰어 소금과 흰 후춧가루를 뿌려 놓는다.
7. 준비한 빵 위에 달걀, 새우를 얹은 다음 토마토케첩을 약간 올리고 파슬리로 장식한다.

▶ 새우 내장 제거하기

▶ 재료 삶기

▶ 식빵을 굽고 버터 바르기

▶ 식빵 위에 달걀, 새우 얹기

합격 Point

* 새우는 내장만 제거하고 껍질째 삶아야 새우의 모양이 선명하게 유지된다.
* 새우는 미르포아(양파, 당근, 셀러리, 레몬)에 삶아야 새우의 풍미를 좋게 할 수 있다.
* 달걀에 소금이나 흰 후춧가루를 뿌리기도 한다.
* 식빵은 물에 젖지 않도록 해야 한다.

04 샐러드 부케를 곁들인 참치 타르타르와 채소 비네그레트
Tuna Tartar with Salad Bouquet and Vegetable Vinaigrette

시험시간 30분

참치 타르타르와 채소 비네그레트는 전채요리로 생 참치살에 케이퍼, 올리브, 처빌 등을 다져서 버무려 채소부케와 함께 비네그레트와 곁들여 내는 요리이다.

요구사항

※ 주어진 재료를 사용하여 다음과 같이 샐러드 부케를 곁들인 참치 타르타르와 채소 비네그레트를 만드시오.

가. 참치는 꽃소금을 사용하여 해동하고, 3~4mm 정도의 작은 주사위 모양으로 썰어 양파, 그린올리브, 케이퍼, 처빌 등을 이용하여 타르타르를 만드시오.
나. 채소를 이용하여 샐러드 부케를 만드시오.
다. 참치 타르타르는 테이블 스푼 2개를 사용하여 퀜넬 형태로 3개 만드시오.
라. 비네그레트는 양파, 붉은색과 노란색의 파프리카, 오이를 가로세로 2mm 정도의 작은 주사위 모양으로 썰어서 사용하고 파슬리와 딜은 다져서 사용하시오.

핵심 NOTE

1) 썰은 참치의 핏물제거와 색의 변화에 유의하시오.
2) 샐러드 부케 만드는 것에 유의하시오.

> **지급재료**
>
> **참치 타르타르** 붉은색 참치살(냉동지급) 80g, 그린올리브 2개, 케이퍼 5개, 올리브 오일 25ml 중 5ml, 처빌 2줄기, 레몬 1/4개(길이(장축)으로 등분), 핫소스 5ml, 꽃소금 5g 중 3g, 흰 후춧가루, 양파(중, 150g 정도) 1/8개 중 2/3 **샐러드부케** 롤라로사 2잎(잎상추로 대체 가능), 그린치커리 2줄기, 차이브 5줄기(실파로 대체 가능), 붉은색 파프리카 (5~6cm 정도 길이) 1/4개 중 1/3개, 오이(가늘고 곧은 것, 20cm 정도) 1/10개(길이로 반을 갈라 10등분) 중 5g **채소 비네 그레트** 파슬리(잎, 줄기 포함) 1줄기, 딜 3줄기, 오이 1/10개 중 5g, 꽃소금 5g 중 2g, 올리브 오일 25ml 중 20ml, 노란색 파프리카 1/8개, 붉은색 파프리카 1/4개 중 2/3개, 양파 1/8개 중 1/3개
> ※ **지참준비물** 테이블 스푼 2개(퀜넬용, 머릿부분 가로 6cm, 세로 3.5~4cm 정도)

만드는 방법

① 붉은색 참치살은 연한 소금물에 담가 해동 후 닦아준다(이미 녹은 참치살의 경우 키친타올이나 면보에 싸서 물기가 생기지 않도록 한다).

② 롤라로사, 그린치커리를 찬물에 담가 두고, 오이의 일부를 2cm 정도 자르고 속을 파서 부케를 고정시킬 수 있게 만들어 놓는다. 차이브 일부는 물에 담가놓고 일부는 끓는 물에 살짝 데쳐 찬물에 헹궈 건져 놓는다. 붉은색 파프리카는 곱게 채 썬다.

③ 샐러드 부케 만들기 : 채소는 건져 물기를 닦아 놓고, 붉은색 파프리카를 가운데 놓고 롤라로사, 그린치커리를 자연스럽게 감싸 데쳐둔 차이브로 밑부분을 돌돌 말아 묶고 끝을 정리한다. 이것을 오이에 꽂아 고정시킨다.

④ 참치 타르타르 만들기 : ①의 참치를 3~4mm 정도 주사위 모양으로 썬다. 양파, 그린올리브, 케이퍼, 처빌도 다진다. 그릇에 참치와 다진 재료를 섞고, 레몬즙, 올리브오일, 핫소스, 소금, 후춧가루를 넣고 잘 섞어 참치 타르타르를 만든다.

⑤ 채소 비네그레트 드레싱 만들기 : 노란색·붉은색 파프리카, 양파, 오이를 0.2cm 정도의 작은 주사위 모양으로 썰고 파슬리와 딜을 다진다. 다진 재료에 소금, 흰 후춧가루, 식초, 올리브 오일을 넣어 비네그레트 드레싱을 완성한다.

⑥ 완성접시에 샐러드 부케를 담고, 테이블 스푼 2개를 이용하여 참치 타르타르를 퀜넬 형태로 모양을 잡아 3개를 접시에 둥그렇게 담은 후 제출하기 직전 주변에 비네그레트 드레싱을 뿌리고 딜로 장식한다.

▶ 샐러드 부케용 채소 준비하기

▶ 샐러드 부케 완성하기

▶ 참치 타르타르 만들기

▶ 퀜넬 형태 잡아 타르타르 만들기

합격 Point

* 참치 타르타르, 샐러드 부케, 채소 비네그레트 재료를 각각 분리해 놓고 시작해야 재료가 섞이지 않는다.
* 참치 타르타르에 들어가는 부재료는 참치보다 곱게 다져야 퀜넬모양을 잡을 때 매끄럽게 된다.
* 차이브 대용으로 실파가 나올 수 있으며 파프리카는 속살을 떼고 채썬다.

05 브라운 스톡
Brown Stock

시험시간 **30분**

스톡(Stock)은 양식에서 사용되는 국물로서 주로 소고기, 양고기, 송아지 고기, 생선 또는 동물의 뼈 등을 끓인 육수이다. 주재료의 색에 따라 흰색이면 화이트 스톡을 쓰고, 갈색이면 브라운 스톡을 쓴다.

요구사항

※ 주어진 재료를 사용하여 다음과 같이 브라운 스톡을 만드시오.
가. 스톡은 맑고, 갈색이 되도록 하시오.
나. 소뼈는 찬물에 담가 핏물을 제거한 후 구워서 사용하시오.
다. 향신료로 사세 데피스(Sachet D'epice)를 만들어 사용하시오.
라. 완성된 스톡의 양이 200ml 이상 되도록 하여 볼에 담아내시오.

핵심 NOTE

1) 불 조절에 유의한다.
2) 스톡이 끓을 때 생기는 거품을 걷어내야 한다.

지급재료

소뼈(2~3cm 정도, 자른 것) 150g, 양파(중, 150g 정도) 1/2개, 당근 40g(둥근 모양이 유지되게 등분), 셀러리 30g, 토마토(중, 150g) 1개, 검은 통후추 4개, 파슬리(잎, 줄기 포함) 1줄기, 월계수잎 1잎, 정향 1개, 버터(무염) 5g, 식용유 50ml, 면실 30cm, 타임(1줄기) 2g, 다시백 1개 (10cm x 12cm)

만드는 방법

1. 소뼈는 지방을 제거하고 찬물에 담가 핏물을 뺀 후 물기를 제거하고, 소뼈를 데칠 물을 냄비에 담아 끓인다.
2. 뼈를 데치기 전 양파, 당근, 셀러리는 얇게 썬다. 토마토는 껍질과 씨를 제거하고 썬다.
3. 월계수잎, 통후추, 정향, 파슬리 줄기를 싸서 면실로 묶어 사세 데피스를 만든다.
4. 냄비의 물이 끓으면 소뼈를 데쳐 찬물에 헹궈 식히고 팬에 식용유를 약간 두르고 소뼈를 진한 갈색이 나도록 굽는다.
5. 냄비에 버터를 약간 두르고 양파를 진한 갈색이 나도록 볶다가 당근, 셀러리를 넣고 볶은 후 구워놓은 소뼈와 썰어 놓은 토마토을 넣은 후 물 4컵 정도를 붓고 사세 데피스를 넣고 끓인다.
6. 스톡이 끓으면 거품 및 기름을 수시로 걷어내다가 스톡의 맛과 색이 우러나면 면보에 거른다.
7. 완성된 스톡의 양이 200ml(한컵) 이상 되도록 볼에 담아낸다.

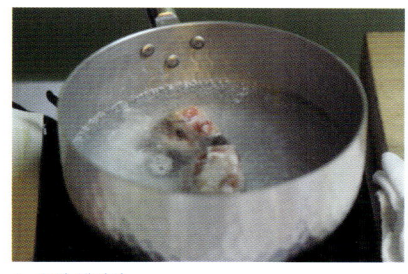
▶ 소뼈 데치기

▶ 소뼈 굽기

▶ 스톡 끓이기

▶ 스톡 걸러내기

합격 Point

* 소뼈의 기름기와 핏물을 잘 제거해야 맑은 스톡이 되고, 소뼈를 태우듯이 구워야 브라운 스톡의 갈색을 낼 수 있다.
* 스톡을 끓일 때는 뚜껑을 열고 끓이는데, 뜨는 기름은 걷어내고 소금으로 간을 하지 않는다.
* 면보를 두겹 이상 놓고 스톡을 걸러야 맑은 스톡이 된다.

06 피시차우더 수프
Fish Chowder Soup

시험시간 **30분**

차우더 수프는 농도가 진한 생선 수프로 이 중 크림 차우더가 가장 유명하다. 영국형 차우더 수프는 우유나 크림으로 만들고, 미국형 차우더 수프는 토마토로 만든다. 그 외 차우더 수프는 각종 해산물과 채소 등을 사용하고 크래커로 농도를 맞추기도 한다.

요구사항

※ 주어진 재료를 사용하여 다음과 같이 피시차우더 수프를 만드시오.
가. 차우더 수프는 화이트 루(White Roux)를 이용하여 농도를 맞추시오.
나. 채소는 0.7cm×0.7cm×0.1cm, 생선은 1cm×1cm×1cm 정도 크기로 써시오.
다. 대구살을 이용하여 생선스톡을 만들어 사용하시오.
라. 완성된 수프는 200ml 이상 제출하시오.

핵심 NOTE

1) 피시스톡을 만들어 사용하고 수프는 흰색이 나와야 한다.
2) 베이컨은 기름을 빼고 사용한다.

지급재료

대구살(해동지급) 50g, 감자(150g) 1/4개, 베이컨(25~30cm) 1/2조각, 양파(중, 150g 정도) 1/6개, 셀러리 30g, 버터(무염) 20g, 밀가루(중력분) 15g, 우유 200ml, 소금(정제염) 2g, 흰 후춧가루 2g, 정향 1개, 월계수잎 1잎

만드는 방법

❶ 냄비에 물 2컵을 부어 불에 올리고, 대구살을 사방 1cm 정도로 썰어 넣고 끓여 피시스톡을 만든다. 대구살은 건지고 국물은 체에 밭쳐 놓는다.

❷ 베이컨을 사방 1cm 정도로 썰어 끓는 물에 살짝 데쳐 기름을 빼고, 감자는 0.7cm×0.7cm×0.1cm 정도로 썰어 찬물에 헹궈 전분을 뺀다. 양파, 셀러리도 감자 크기로 썬다.

❸ 베이컨을 볶은 후 버터를 조금 녹여 양파, 셀러리, 감자 순으로 볶아 낸다.

❹ 부케가르니(월계수잎, 정향)를 만든다.

❺ 냄비에 버터 1큰술 정도를 넣고 녹으면 밀가루 1큰술을 넣고 볶아 화이트 루를 만든 후 피시스톡을 조금씩 넣어가며 몽우리가 생기지 않도록 잘 풀어준다.

❻ ❺에 부케가르니를 넣고 한소끔 끓으면 베이컨, 양파, 셀러리를 넣고 조금 더 끓이다 감자를 넣고 끓인다.

❼ 재료가 익고 수프 농도가 어느 정도 되면 부케가르니를 건져내고 우유로 농도를 맞춘다. ❶의 대구살을 넣고 소금, 흰 후춧가루로 간을 맞추어 그릇에 담아낸다.

▶ 피시스톡 만들기

▶ 베이컨 및 채소 볶기

▶ 화이트 루 만들기

▶ 재료 넣고 스프 끓이기

합격 Point

* 베이컨은 줄어드는 것을 생각하여 사방 1cm 정도로 썬다.
* 감자를 너무 일찍 넣게 되면 부서질 염려가 있으니 수프가 거의 끓으면 넣고, 생선살도 부서지기 쉬우므로 완성 직전에 넣는다.

07 비프 콘소메
Beef Consomme

시험시간 **40분**

콘소메(Consomme)란 고기나 생선에 여러 가지 채소를 넣고 오랜 시간 끓여 걸러낸 맑은 국물을 말한다. 콘소메는 차갑게도 제공되며 수프나 소스의 베이스로 다양하게 사용된다. 비프 콘소메는 소고기와 채소를 재료로 하고, 맑고 깨끗한 국물을 내기 위해 달걀 흰자를 넣어 끓여 걸러 낸 대표적인 맑은 수프이다.

요구사항

※ 주어진 재료를 사용하여 다음과 같이 비프 콘소메를 만드시오.

가. 어니언 브루리(Onion Brulee)를 만들어 사용하시오.
나. 양파를 포함한 채소는 채 썰어 향신료, 소고기, 달걀흰자, 머랭과 함께 섞어 사용하시오.
다. 수프는 맑고 갈색이 되도록 하여 200ml 이상 제출하시오.

핵심 NOTE

1) 맑고, 갈색의 수프가 되도록 불 조절에 유의한다.

지급재료

소고기(살코기, 간 것) 70g, 양파(중, 150g 정도) 1개, 당근 40g(둥근 모양이 유지되게 등분), 셀러리 30g, 달걀 1개, 토마토(중, 150g 정도) 1/4개, 검은 후춧가루 2g, 검은 통후추 1개, 파슬리(잎, 줄기 포함) 1줄기, 월계수잎 1잎, 소금 2g, 비프스톡(육수) 500ml(물로 대체 가능), 정향 1g

만드는 방법

① 양파, 당근, 셀러리는 적당한 크기로 채썬다.
② 부케가르니(월계수잎, 파슬리 줄기, 정향, 검은 통후추)를 만든다.
③ 토마토는 껍질과 씨를 제거한 후 다지고, 소고기는 다져 핏물을 닦아 놓는다.
④ 달걀 흰자는 거품기로 한 방향으로 잘 저어 흐르지 않을 정도로 거품을 충분히 낸다.
⑤ ④에 채썬 양파 1/3, 당근, 셀러리, 다진 소고기를 넣고 살살 섞어 놓는다.
⑥ 남은 양파 2/3를 진한 갈색이 나도록 볶는다.
⑦ 냄비에 비프스톡(물) 3컵을 올려 ⑤를 넣고, 볶은 양파, 토마토, 부케가르니를 넣어 끓인다.
⑧ 뚜껑을 열고 끓이다 고형물이 떠오르면 가운데 구멍을 뚫어주고 약한 불에서 은근하게 끓인다.
⑨ 국물이 맑게 끓으면 소금, 검은 후춧가루로 간을 맞춘 후 두꺼운 면보에 거르고 그릇에 담는다.

▶ 달걀, 채소, 소고기 섞기

▶ 양파 볶기

▶ 수프 끓이기

▶ 면보에 수프 걸러내기

합격 Point

* 양파를 볶을 때 물을 1큰술 정도 넣어 볶으면 진한 갈색이 잘 나며, 맑은 수프이므로 양파를 볶을 때 버터는 사용하지 않는다.
* 소고기가 덩어리로 지급되었을 경우에는 기름기를 제거하고 다져서 사용한다.
* 약한 불에서 뚜껑을 열고 뭉근하게 오래 끓여야 맑은 수프가 된다.

08 프렌치 어니언 수프
French Onion Soup

시험시간 **30분**

프렌치 어니언 수프는 프랑스의 대표적인 수프로서 채썬 양파를 갈색이 나게 볶은 후 콘소메(Consomme) 육수를 붓고 뭉근하게 끓인 수프 위에 구운 바게트빵(파마산 치즈가루 또는 모짜렐라 치즈를 뿌려 오븐에 구운 것)을 올려 내는 수프이며, 뜨거울 때 먹는다.

요구사항

※ 주어진 재료를 사용하여 다음과 같이 프렌치 어니언 수프를 만드시오.
가. 양파는 5cm 크기의 길이로 일정하게 써시오.
나. 바게트빵에 마늘버터를 발라 구워서 따로 담아내시오.
다. 완성된 수프의 양은 200ml 이상 제출하시오.

핵심 NOTE

1) 수프의 색깔이 갈색이 나도록 하여야 한다.

지급재료

양파(중, 150g 정도), 바게트빵 1조각, 버터(무염) 20g, 마늘(중, 간 것) 1쪽, 치즈가루 10g, 백포도주 15ml, 소금(정제염) 2g, 파슬리(잎, 줄기 포함) 1줄기, 맑은 스톡(비프스톡 또는 콘소메) 270ml(물로 대체 가능)

만드는 방법

① 양파는 끝을 손질하여 5cm 길이로 가늘게 채썰고, 마늘은 다진다.

② 파슬리는 잎만 떼어 곱게 다져 면보에 싸서 물에 한번 담갔다가 씻어 물기를 꼭 짜둔다.

③ 버터에 다진 마늘과 파슬리 가루를 섞어 바게트빵 한 면에 발라 팬에 토스트한 후 파마산 치즈 가루를 뿌려 마늘빵을 만들어 준비한다.

④ 냄비에 버터를 약간 두르고 채썬 양파를 진한 갈색이 날 때까지 충분히 볶고 백포도주를 넣는다.

⑤ 볶은 양파에 스톡(혹은 물) 2컵을 붓고 끓어오르면 거품을 걷어내고 뭉근하게 끓인 후 소금, 검은 후춧가루로 간을 한다.

⑥ 완성그릇에 수프를 담고, 마늘빵은 따로 담아낸다.

▶ 양파 채썰기

▶ 마늘빵 준비하기

▶ 양파 볶기

▶ 완성그릇에 수프 담기

합격 Point

* 양파를 볶을 때 버터를 많이 사용하면 국물에 기름기가 떠서 국물이 탁하므로 적량을 사용한다.
* 양파는 천천히 볶아야 진한 갈색을 내고, 약한 불에서 뭉근하게 끓여야만 수프가 맑게 나온다.

09 미네스트로니 수프
Minestrone Soup

시험시간 **30분**

미네스트로니 수프는 이탈리안 채소 수프로서 파스타와 채소에 토마토를 넣고 걸쭉하게 끓인 수프이다. 곡류와 채소가 함께 어우러져 한끼 식사로써 충분한 영양을 가지고 있다.

요구사항

※ 주어진 재료를 사용하여 다음과 같이 미네스트로니 수프를 만드시오.
가. 채소는 사방 1.2cm, 두께 0.2cm 정도로 써시오.
나. 스트링빈스, 스파게티는 1.2cm 정도의 길이로 써시오.
다. 국물과 고형물의 비율을 3 : 1로 하시오.
라. 전체 수프의 양은 200ml 이상으로 하고 파슬리 가루를 뿌려내시오.

핵심 NOTE

1) 수프의 색과 농도를 잘 맞추어야 한다.

지급재료

양파(중, 150g 정도) 1/4개, 셀러리 30g, 당근 40g(둥근 모양이 유지되게 등분), 무 10g, 양배추 40g, 버터(무염) 5g, 스트링빈스 2줄기(냉동, 채두 대체 가능), 완두콩 5알, 토마토(중, 150g 정도) 1/8개, 스파게티 2가닥, 토마토 페이스트 15g, 파슬리(잎, 줄기 포함) 1줄기, 베이컨(25~30cm) 1/2조각, 마늘 (중, 깐 것) 1쪽, 소금(정제염) 2g, 검은 후춧가루 2g, 치킨 스톡 200ml(물로 대체 가능), 월계수잎 1잎, 정향 1개

만드는 방법

① 냄비에 물을 올려 끓으면 스파게티를 넣고 12분 정도 삶고, 베이컨, 양파, 당근, 무, 셀러리, 양배추를 각각 사방 1.2cm 크기로 썰어 놓는다.

② 토마토는 껍질을 벗기고 씨를 떼내서 굵게 다지고 마늘도 다진다.

③ 부케가르니(월계수잎, 파슬리 줄기, 정향)를 만든다.

④ 스파게티를 건진 물에 베이컨을 살짝 데쳐내고, 스트링빈스, 스파게티를 1.2cm 정도의 길이로 썬다.

⑤ 팬에 버터를 녹여 마늘을 볶다가 무, 양파, 당근, 셀러리, 양배추, 베이컨을 넣고 볶고 토마토 페이스트 1큰술을 넣어 신맛과 떫은 맛이 없어질 정도로 볶는다.

⑥ ⑤에 치킨 스톡(물) 1½컵을 붓고 부케가르니를 넣어 끓인다 (이때 토마토도 넣어 끓인다).

⑦ 파슬리 잎은 다져서 면보에 싼 후 물에 헹구고 물기를 짠다.

⑧ ⑥을 끓이면서 거품을 걷어내고 부케가르니를 건져낸 다음 스파게티, 스트링빈스, 완두콩을 넣고 끓인다. 소금, 검은 후춧가루로 간을 해서 완성그릇에 담고 다진 파슬리 가루를 뿌려낸다.

▶ 스파게티 삶기

▶ 재료 썰기

▶ 토마토 페이스트 넣고 볶기

▶ 치킨 스톡 넣고 끓이기

합격 Point

* 채소는 일정한 크기로 썬다.
* 거품과 기름을 잘 걷어내야 수프가 깨끗하다.
* 스파게티, 스트링빈스, 완두콩은 이미 익은 상태이기 때문에 수프가 거의 다 끓었을 때 넣어 짧은 시간 동안만 끓인다.

10 포테이토 크림 수프
Potato Cream Soup

시험시간 30분

포테이토 크림 수프는 감자를 얇게 썰어 푹 끓인 후 걸러서 생크림을 이용하여 걸쭉하고 부드럽게 끓인 크림 수프로 크루톤을 띄워낸다.

요구사항

※ 주어진 재료를 사용하여 다음과 같이 포테이토 크림 수프를 만드시오.
가. 크루톤(Crouton)의 크기는 사방 0.8cm ~ 1cm 정도로 만들어 버터에 볶아 수프에 띄우시오.
나. 익힌 감자는 체에 내려 사용하시오.
다. 수프의 색과 농도에 유의하고 200ml 이상 제출하시오.

핵심 NOTE

1) 수프의 농도를 잘 맞추어야 한다.
2) 수프를 끓일 때 생기는 거품을 걷어 내어야 한다.

지급재료

감자(200g) 1개, 대파(흰부분 10cm 정도) 1토막, 양파(중, 150g 정도) 1/4개, 버터(무염) 15g, 치킨 스톡 270ml(물로 대체 가능), 생크림(조리용) 20g, 식빵(샌드위치 용) 1조각, 소금(정제염) 2g, 흰 후춧가루 1g, 월계수잎 1잎

만드는 방법

❶ 감자는 껍질을 벗겨 얇게 슬라이스로 썰고 물에 씻어 전분을 빼둔다.

❷ 대파는 흰 부분만 가늘게 채썰고 양파는 굵게 다진다.

❸ 식빵은 사방 0.8~1cm 크기의 주사위 모양으로 썬 후 버터녹인 팬에 갈색이 나도록 구워 크루톤을 만든다.

❹ 냄비에 버터를 녹여 양파, 대파를 넣어 볶다가 감자를 넣어 색이 나지 않도록 볶는다.

❺ ❹에 치킨 스톡(물) 2컵을 붓고 월계수잎을 1/2 넣고 끓으면 약한 불에서 거품을 제거하고 감자가 푹 무르도록 끓이다 충분히 익으면 월계수잎을 건져내고 체에 내린다.

❻ ❺의 수프를 다시 냄비에 담고 살짝 끓인 후 소금, 흰 후춧가루로 간하고 불을 끈 다음 생크림을 넣어 색과 농도를 맞춘다.

❼ ❻을 완성그릇에 담고 수프 위에 크루톤을 띄워 제출한다.

▶ 감자 전분 빼기

▶ 크루톤 만들기

▶ 익힌 감자 체에 내리기

▶ 생크림 넣기

합격 Point

* 감자는 얇게 썰어 나무 주걱으로 으깨면서 끓여야 하고, 대파는 흰 부분을 사용해야 수프색이 깨끗하다.
* 크루톤은 키친타올 같은 것에 올려 기름을 제거하고 수프에 띄운다.

11 브라운 그래비 소스
Brown Gravy Sauce

시험시간 30분

그래비(Gravy)는 고기국물을 말하며, 브라운 그래비 소스는 볶은 채소에 브라운 스톡(Brown Stock)과 브라운 루(Brown Roux)를 넣어 끓인 갈색의 걸쭉한 소스이다.

요구사항

※ 주어진 재료를 사용하여 다음과 같이 브라운 그래비 소스를 만드시오.
가. 브라운 루(Brown Roux)를 만들어 사용하시오.
나. 완성된 작품의 양은 200ml 이상 만드시오.

핵심 NOTE

1) 브라운 루가 타지 않도록 한다.
2) 소스의 농도에 유의한다.

지급재료

밀가루(중력분) 20g, 브라운 스톡 300ml(물로 대체 가능), 소금(정제염) 2g, 검은 후춧가루 1g, 버터(무염) 5g, 양파(중, 150g 정도) 1/6개, 셀러리 20g, 당근 40g(둥근 모양이 유지되게 등분), 토마토 페이스트 30g, 월계수잎 1잎, 정향 1개

만드는 방법

1. 양파, 당근, 셀러리는 적당한 크기로 채썬다.
2. 부케가르니(월계수잎, 정향)를 만든다.
3. 냄비에 버터를 두르고 채썰어 놓은 ①의 채소를 진한 갈색이 나도록 충분히 볶아 놓는다.
4. 냄비에 버터 1큰술을 넣고 녹으면 밀가루 1½큰술을 넣고 진한 갈색이 나도록 볶아 브라운 루를 만든다.
5. 브라운 루에 토마토 페이스트 1큰술과 볶은 채소를 넣고 볶다가 브라운 스톡(물)을 조금씩 부어가며 멍울이 없이 잘 풀어 주고, 부케가르니를 넣고 은근하게 끓인다.
6. 기름과 거품이 뜨면 걷어내고 충분히 끓인 다음 부케가르니를 건져내고 소금, 검은 후춧가루로 간을 한 후 체에 걸러 완성그릇에 담아낸다.

▶ 채소 채썰기

▶ 채소 볶기

▶ 브라운 루 풀기

합격 Point

* 채소는 길이 4cm, 두께 0.3cm 정도로 썰어야 볶을 때 채소끝이 타지 않는다.
* 브라운 루는 타지 않도록 약불에서 천천히 진한 갈색이 나도록 볶아야 좋은 맛과 색을 얻을 수 있다.
* 부케가르니 재료로 파슬리가 지급될 수 있다.

▶ 체에 소스 거르기

12 홀렌다이즈 소스
Hollandaise Sauce

시험시간 **25분**

홀렌다이즈 소스는 네덜란드풍의 대표적인 버터 소스로 중탕한 버터에 달걀 노른자와 레몬즙을 조금씩 넣어 부드럽게 만든 소스이다. 흰살생선 요리, 랍스타, 아스파라거스 요리, 브로콜리 요리 등에 사용된다.

요구사항

※ 주어진 재료를 사용하여 다음과 같이 홀렌다이즈 소스를 만드시오.

가. 양파, 식초를 이용하여 허브에센스를 만들어 사용하시오.
나. 정제 버터를 만들어 사용하시오.
다. 소스는 중탕으로 만들어 굳지 않게 그릇에 담아내시오.
라. 소스는 100ml 이상 제출하시오.

핵심 NOTE

1) 소스의 농도에 유의한다.

지급재료

달걀 2개, 양파(중, 150g 정도) 1/8개, 버터(무염) 200g, 레몬 1/4개(길이(장축)로 등분), 월계수잎 1잎, 파슬리(잎, 줄기 포함) 1줄기, 식초 20ml, 검은 통후추 3개, 소금 2g, 흰 후춧가루 1g

만드는 방법

❶ 양파는 얇게 슬라이스하고, 검은 통후추는 으깬다.

❷ 냄비에 물 4큰술과 ❶의 양파와 검은 통후추, 월계수잎, 파슬리 1줄기, 식초 1큰술을 넣어 끓이다 2큰술 정도 되면 면보에 걸러 향신즙을 만든다.

❸ 레몬은 즙만 준비하고, 달걀은 노른자만 분리한다.

❹ 버터는 그릇에 담아 60~70℃에 중탕으로 녹여둔다.

❺ 달걀 노른자가 분리되지 않게 향신즙 1큰술 정도를 약간씩 넣어 거품기로 잘 저어주고 중탕하여 녹인 버터를 조금씩 넣어가며 저어준다.

❻ ❺가 알맞은 농도가 되면 레몬즙을 넣고 소금, 흰 후춧가루로 간을 하여 완성그릇에 담아낸다.

▶ 향신즙 만들기

▶ 달걀 분리하기

▶ 버터 중탕하기

▶ 저어서 완성하기

합격 Point

* 버터는 위에 떠오르는 거품을 걷어내고, 버터를 중탕했던 물 위에 그릇을 올려 달걀 노른자를 넣고 저어 버터가 굳는 것을 방지한다.
* 향신즙을 만들 때 레몬을 넣지 않는다.

13 타르타르 소스
Tar Tar Sauce

시험시간 **20분**

타르타르 소스는 새우튀김이나 생선튀김에 곁들어지는 소스로 마요네즈에 양파, 삶은 달걀, 오이피클, 파슬리, 피망 등을 다져 넣고, 레몬즙을 넣어 만든 소스이다.

요구사항

※ 주어진 재료를 사용하여 다음과 같이 타르타르 소스를 만드시오.
가. 다지는 재료는 0.2cm 정도의 크기로 하고 파슬리는 줄기를 제거하여 사용하시오.
나. 소스의 농도를 잘 맞추어 100ml 이상 제출하시오.

핵심 NOTE

1) 소스의 농도가 너무 묽거나 되지 않아야 한다.
2) 채소의 물기 제거에 유의한다.

지급재료

마요네즈 70g, 파슬리(잎, 줄기 포함) 1줄기, 양파(중, 150g 정도) 1/10개, 달걀 1개, 레몬 1/4개(길이(장축)로 등분), 소금(정제염) 2g, 흰 후춧가루 2g, 식초 2ml, 오이피클(개당 25~30g짜리) 1/2개

만드는 방법

① 냄비에 달걀이 잠길 만큼 물을 넣고 12분 정도 달걀을 완숙으로 삶아 찬물에 식힌다.

② 양파는 0.2cm 크기로 다져 소금을 살짝 뿌려 물기를 짠다.

③ 레몬은 즙을 만들고 오이피클도 0.2cm 정도로 다져 물기를 제거한다.

④ 달걀은 껍질을 벗겨 흰자는 곱게 다지고 노른자는 체에 내린다.

⑤ 파슬리는 잎만 떼어 곱게 다져 면보로 싸서 물에 헹구어 물기를 짜고 가루로 만든다.

⑥ 볼에 마요네즈 2큰술, 흰 후춧가루, 레몬즙을 섞어 마요네즈 소스를 만든 후 다진 양파, 오이피클, 달걀 흰자·노른자를 넣어 잘 섞는다(식초를 넣기도 한다).

⑦ 완성그릇에 타르타르 소스를 담아 낸다.

▶ 오이피클 다지기

▶ 양파 다지기

▶ 삶은 달걀 노른자 체에 내리기

▶ 재료 섞어 소스 만들기

합격 Point

* 소스는 농도가 중요하며, 재료와 마요네즈의 양을 고려해서 혼합해야 적당한 농도가 되므로 재료를 한꺼번에 넣지 말고 조금씩 여러번 나누어 넣는 것이 좋다.
* 달걀 노른자는 색을 보고 2/3 정도만 사용한다.

14 이탈리안 미트 소스
Italian Meat Sauce

시험시간 **30분**

이탈리안 미트 소스는 이탈리아 파스타 요리에 주로 사용되는 소스로 소고기, 양파, 마늘 등의 재료를 곱게 다져 볶아서 토마토, 토마토 페이스트, 향신료, 육수를 부어 끓인 소스이다.

요구사항

※ 주어진 재료를 사용하여 다음과 같이 이탈리안 미트 소스를 만드시오.

가. 모든 재료는 다져서 사용하시오.
나. 그릇에 담고 파슬리 다진 것을 뿌려내시오.
다. 소스는 150ml 이상 제출하시오.

핵심 NOTE

1) 소스의 농도에 유의한다.

지급재료

양파(중, 150g 정도) 1/2개, 소고기(살코기, 간 것) 60g, 마늘(중, 깐 것) 1쪽, 셀러리 30g, 토마토 페이스트 30g, 캔 토마토 30g, 버터(무염) 10g, 소금(정제염) 2g, 검은 후춧가루 2g, 월계수잎 1잎, 파슬리(잎, 줄기 포함) 1줄기

만드는 방법

❶ 양파, 셀러리, 마늘, 캔 토마토는 씨를 제거해서 곱게 다진다.

❷ 파슬리는 잎만 다져서 면보에 싼 다음 물에 씻어 물기를 짜서 보슬보슬한 파슬리 가루로 만든다.

❸ 냄비에 버터를 녹이고 양파, 마늘, 셀러리, 다진 소고기를 볶고 토마토 페이스트를 넣어 충분히 볶는다.

❹ ❸에 토마토 다진 것을 넣고 다시 한번 더 볶은 후 물(스톡이 나오면 스톡으로 할 것) 1½컵과 월계수잎을 넣고 약불에서 소스 농도가 걸쭉해질 때까지 충분히 끓인다(농도에 따라 1컵 더 넣기도 한다).

❺ 소스 농도가 걸쭉해지면 월계수잎을 건져내고 소금과 검은 후춧가루로 간을 한다.

❻ 소스를 완성그릇에 담고 파슬리 가루를 뿌려낸다.

▶ 양파, 셀러리, 마늘, 소고기 볶기

▶ 토마토 페이스트를 넣고 볶기

▶ 물을 넣어 소스 끓이기

▶ 소스 완성그릇에 담기

합격 Point

* 주어진 재료를 곱게 다져야 소스가 곱게 나오는데 다진 소고기가 주어진 경우에도 다시 다져 사용해야 소스가 거칠지 않다.
* 소스를 끓이는 도중에 거품은 수시로 걷어내고 알맞은 농도가 될 때까지 약한 불에서 은근히 끓인다.

15 월도프 샐러드
Waldorf Salad

시험시간 **20분**

샐러드의 기본요소는 바탕, 본체, 드레싱, 가니쉬로 거의 상추나 푸른 잎 채소를 바탕으로 하고, 나머지 주재료는 샐러드의 본체가 된다. 드레싱은 샐러드에 첨가하여 향미를 증가시켜 식욕을 촉진하고, 가니쉬는 색깔과 맛의 조화를 이룬다. 월도프 샐러드는 스몰 다이스로 사과, 호두, 셀러리를 썰어서 마요네즈에 버무린다.

요구사항

※ 주어진 재료를 사용하여 다음과 같이 월도프 샐러드를 만드시오.

가. 사과, 셀러리, 호두알을 사방 1cm 정도의 크기로 써시오.
나. 사과의 껍질을 벗겨 변색되지 않게 하고, 호두알의 속껍질을 벗겨 사용하시오.
다. 상추 위에 월도프 샐러드를 담아내시오.

핵심 NOTE

1) 사과의 변색에 유의한다.

지급재료

사과(200~250g 정도) 1개, 셀러리 30g, 호두(중, 겉껍질 제거한 것) 2개, 양상추 20g(잎상추로 대체 가능), 레몬 1/4개(길이(장축)로 등분), 마요네즈 60g, 소금(정제염) 2g, 흰 후춧가루 1g, 이쑤시개 1개

만드는 방법

① 냄비에 물을 끓여 호두를 따뜻한 물에 불리고 양상추는 찬물에 담가둔다.

② 셀러리는 섬유질을 제거하고 사방 1cm 크기로 썰고, 불린 호두는 이쑤시개를 사용하여 속껍질을 벗긴 후 일부는 셀러리와 같은 크기로 썰고 일부는 굵게 다져 놓는다.

③ 레몬은 즙을 내고 양상추는 물기를 닦아 적당한 크기로 뜯어 놓는다.

④ 사과는 껍질을 벗겨 사방 1cm 정도로 썰어 소금물에 담가 건져 변색되지 않게 물기를 뺀다.

⑤ 마요네즈 2큰술에 레몬즙, 소금, 흰 후춧가루를 섞어 마요네즈 소스를 만든다.

⑥ 볼에 재료를 섞고 마요네즈 소스를 넣어 버무린다.

⑦ 접시에 양상추를 깔고 그 위에 버무린 샐러드를 담은 후 ②의 다진 호두를 뿌려 낸다.

▶ 호두 속껍질 벗기기

▶ 재료 1cm 크기로 썰기

▶ 마요네즈 소스 만들기

▶ 재료에 마요네즈 소스 섞기

합격 Point

* 호두를 너무 오래 불리면 부서지기 쉽다.
* 사과는 변색을 방지하기 위해 버무리기 직전에 썰고(갈변방지는 소금물이나 레몬즙을 이용) 제출 직전에 버무린다.
* 양상추 대신에 상추가 나올 수 있다.

16 포테이토 샐러드
Potato Salad

시험시간 30분

포테이토 샐러드는 스몰 다이스로 썰어 삶은 감자에 다진 양파를 넣어 마요네즈에 버무린 가장 대중적인 샐러드이다.

요구사항

※ 주어진 재료를 사용하여 다음과 같이 포테이토 샐러드를 만드시오.
가. 감자는 껍질을 벗긴 후 1cm 정도의 정육면체로 썰어서 삶으시오.
나. 양파는 곱게 다져 매운맛을 제거하시오.
다. 파슬리는 다져서 사용하시오.

핵심 NOTE

1) 감자는 잘 익고 부서지지 않도록 유의하고, 양파의 매운맛 제거에 유의한다.
2) 양파와 파슬리는 뭉치지 않도록 버무린다.

지급재료

감자(150g 정도) 1개, 양파(중, 150g 정도) 1/6개, 마요네즈 50g, 파슬리(잎, 줄기 포함) 1줄기, 소금(정제염) 5g, 흰 후춧가루 1g

만드는 방법

❶ 냄비에 감자 삶을 물을 담아 불에 올리고, 파슬리는 찬물에 담근다.

❷ 감자는 껍질을 벗겨 사방 1cm 크기로 일정하게 썰어 찬물에 한번 담가 전분을 빼준 후 끓는 물에 넣고 소금을 약간 넣고 5분 정도 삶은 뒤 건져서 식힌다.

❸ 양파는 곱게 다져 물에 한번 담갔다 면보로 물기를 짜서 양파의 매운맛을 없앤다.

❹ 파슬리도 곱게 다져 면보에 싸서 물에 헹구고 물기를 짜서 보슬보슬한 파슬리 가루를 만든다.

❺ 마요네즈 1½ 큰술 정도에 소금, 흰 후춧가루, 양파를 넣고 고루 섞이도록 버무려 마요네즈 소스를 만든다.

❻ 볼에 삶아 식힌 감자와 마요네즈 소스를 넣고 버무려서 완성 그릇에 담고 파슬리 가루를 뿌려 낸다.

▶ 감자 1cm 크기로 썰기

▶ 감자 삶기

▶ 마요네즈 소스 만들기

▶ 감자와 마요네즈 소스 섞기

합격 Point

* 감자 껍질을 벗길 때 매끈하게 벗긴다.
* 감자는 뜨거울 때 버무려야 맛이 잘 배어든다.
* 감자는 너무 많이 익히면 부서지기 쉬우므로 삶는 시간에 유의하고 삶은 감자는 찬물에 넣지 않는다.

17 해산물 샐러드
Sea-Food Salad

시험시간 **30분**

해산물 샐러드는 쿠르부용(Court Bouillon)에 다양한 해산물을 데치고 샐러드 채소와 상큼한 레몬 비네그레트를 넣어 해산물이 주는 풍부하고 독특한 맛과 채소의 싱싱한 향이 돋보이는 샐러드이다.

요구사항
※ 주어진 재료를 사용하여 다음과 같이 해산물 샐러드를 만드시오.
가. 미르포아(Mirepoix), 향신료, 레몬을 이용하여 쿠르부용(Court Bouillon)을 만드시오.
나. 해산물은 손질하여 쿠르부용(Court Bouillon)에 데쳐 사용하시오.
다. 샐러드 채소는 깨끗이 손질하여 싱싱하게 하시오.
라. 레몬 비네그레트는 양파, 레몬즙, 올리브 오일을 사용하여 만드시오.

핵심 NOTE
1) 조리작품 만드는 순서는 틀리지 않게 하여야 한다.

지급재료

해산물 새우 3마리(30~40g), 관자살(개당 50~60g 정도, 해동지급) 1개, 피홍합(길이 7cm 이상) 3개, 중합(지름 3cm 정도) 3개 **쿠르부용** 양파(중, 150g 정도) 1/4개 중 3/5개, 당근 15g, 셀러리 10g, 레몬 1/4개(길이(장축)로 등분) 중 2/5개, 월계수잎 1잎, 흰 통후추 3개(검은 통후추 대체 가능) **샐러드 채소** 그린치커리 2줄기, 양상추 10g, 롤라로사(잎상추 대체 가능) 2잎, 딜 2줄기(일부는 다져서 레몬 비네그레트 소스에 사용), 실파 20g(1뿌리) **레몬 비네그레트** 올리브오일 20ml, 소금(정제염) 5g, 흰 후춧가루 5g, 양파(중, 150g 정도) 1/4개 중 2/5개, 레몬 1/4개 중 3/5개, 식초 10ml, 마늘 (중, 깐 것) 1쪽

만드는 방법

❶ 그린치커리, 양상추, 롤라로사, 딜, 실파는 깨끗이 씻어 찬물에 담가 놓고, 해산물은 소금물에 씻어 놓는다.

❷ 쿠르부용 만들기 : 물 2컵에 미르포아(양파, 당근, 셀러리)는 작은 주사위 모양으로 썰고 월계수잎, 흰 통후추, 레몬 한쪽을 넣고 냄비에 끓인다.

❸ 관자는 가장자리의 질긴 막을 벗겨 쿠르부용에 데쳐 0.3cm 두께로 썰고, 새우는 등쪽 2~3번째 마디에서 이쑤시개를 이용하여 내장을 꺼내 제거하고 쿠르부용에 3분 정도 삶은 후 식혀 꼬리 한 마디만 남기고 머리와 꼬리를 떼어낸다(가니쉬용으로 새우머리를 한 개 남긴다).

❹ 피홍합과 중합은 쿠르부용에 삶아 홍합살과 중합살을 꺼낸다.

❺ 레몬 비네그레트 만들기 : 다진 양파(물기짠 것), 다진 마늘, 레몬즙, 소금, 후춧가루, 식초 1큰술, 딜 다진 것을 넣고 올리브 오일을 조금씩 부어주며 분리되지 않게 잘 섞어준다.

❻ 물에 담가두었던 ❶의 샐러드 채소는 건져 물기를 닦아 준다.

❼ 양상추와 롤라로사를 완성접시 위쪽에 놓고, 그 위에 그린치커리, 실파를 놓는다. 그 위에 해산물을 놓고 레몬 비네그레트를 뿌리고 딜로 장식한다.

▶ 채소 손질하기

▶ 쿠르부용 만들기

▶ 해산물 손질하기

합격 Point

* 채소와 향신료의 맛이 우러나야 하므로 해산물 손질보다 미르포아를 먼저 준비한다.
* 쿠르부용에 데친 새우 중 머리 하나는 장식으로 쓰고, 중합껍질이나 홍합껍질을 장식으로 사용해도 된다.
* 레몬 비네그레트는 다진 양파와 레몬즙, 올리브오일을 1 : 2 : 1의 비율로 섞는다.

▶ 샐러드에 레몬 비네그레트 뿌리기

18 시저 샐러드
Caesar Salad

시험시간 35분

시저 샐러드는 1924년 미국에서 시저 칼디니에 의해 개발된 샐러드로 로메인 상추와 크루통, 시저드레싱을 사용하여 만든다.

요구사항

※ 주어진 재료를 사용하여 다음과 같이 시저샐러드를 만드시오.

가. 마요네즈(100g이상), 시저드레싱(100g이상), 시저 샐러드(전량)를 만들어 3가지를 각각 별도의 그릇에 담아 제출하시오.

나. 마요네즈(Mayonnaise)는 달걀노른자, 카놀라오일, 레몬즙, 디존 머스터드, 화이트와인식초를 사용하여 만드시오.

다. 시저드레싱(Caesar Dressing)은 마요네즈, 마늘, 앤초비, 검은후춧가루, 파미지아노 레기아노, 올리브오일, 디존 머스터드, 레몬즙을 사용하여 만드시오.

라. 파미지아노 레기아노는 강판이나 채칼을 사용하시오.

마. 시저샐러드(Caesar Salad)는 로메인 상추, 곁들임(크루통(1cm×1cm), 구운 베이컨(폭 0.5cm), 파미지아노 레기아노), 시저드레싱을 사용하여 만드시오.

지급재료

달걀(60g 정도) 2개(상온에 보관한 것), 디존 머스터드 10ml, 레몬 1개, 로메인 상추 50g, 마늘 1쪽, 베이컨 15g, 엔초비 3개, 올리브오일(extra virgin) 20ml, 카놀라오일 300ml, 식빵(슬라이스) 1개, 검은 후춧가루 5g, 파미지아노 레기아노치즈(덩어리) 20g, 화이트와인식초 20ml, 소금 10g

만드는 방법

① 로메인 상추는 씻어서 찬물에 잠시 담갔다가 건져 물기를 빼 두고, 레몬은 즙을 낸다.

② 달걀노른자에 카놀라오일을 조금씩 부어가며 유화상태가 될 때까지 거품기로 잘 저어 레몬즙 약간, 디존 머스터드 1/2, 화이트와인식초 1큰술, 소금을 넣어 마요네즈를 만든다.

③ 마늘과 앤초비는 곱게 다지고 베이컨은 팬에 구워 기름기를 빼서 폭 0.5cm 정도로 썬다.

④ 식빵은 사방 1cm 정도로 썰어 팬에 오일을 두르고 구워 크루통을 만들고, 파미지아노 레기아노는 강판에 갈아 놓는다.

⑤ 마요네즈 100g 정도는 담아놓고, 나머지 마요네즈에 다진 마늘과 앤초비, 후춧가루, 파미지아노 레기아노 1/2, 올리브오일 1큰술, 디존 머스터드 1/2, 레몬즙을 섞어 시저드레싱을 만든다.

⑥ 시저드레싱 100g 정도는 담아 놓고, 로메인 상추를 먹기 좋은 크기로 뜯어 드레싱으로 버무린다.

⑦ 접시에 샐러드를 담고, 베이컨과 크루통을 올리고 파미지아노 레기아노를 뿌려 마요네즈와 시저드레싱과 함께 낸다.

▶ 마요네즈 재료 준비하기

▶ 카놀라오일 넣기

▶ 시저드레싱 만들기

▶ 접시에 담기

합격 Point

* 마요네즈가 분리되지 않도록 오일의 양을 조절하며 잘 젓는다.

19 사우전아일랜드 드레싱
Thousand Island Dressing

시험시간 20분

사우전아일랜드 드레싱은 마요네즈에 토마토케첩을 섞어 핑크색을 내고 피망, 양파, 오이피클, 삶은 달걀 등 여러 가지 재료를 넣어 만든 드레싱이다. 드레싱 재료를 혼합해 놓았을 때 많은 섬들이 모인 것처럼 보이기 때문에 붙여진 이름이다.

요구사항

※ 주어진 재료를 사용하여 다음과 같이 사우전아일랜드 드레싱을 만드시오.
가. 드레싱은 핑크빛이 되도록 하시오.
나. 다지는 재료는 0.2cm 정도의 크기로 하시오.
다. 드레싱은 농도를 잘 맞추어 100ml 이상 제출하시오.

핵심 NOTE

1) 다진 재료의 물기를 제거한다.

지급재료

양파(중, 150g 정도) 1/6개, 오이피클(개당 25~30g 짜리) 1/2개, 마요네즈 70g, 토마토케첩 20g, 청피망(중, 75g 정도) 1/4개, 달걀 1개, 레몬 1/4개(길이(장축)로 등분), 소금(정제염) 2g, 흰 후춧가루 1g, 식초 10ml

만드는 방법

① 냄비에 달걀이 잠길 정도의 물을 넣고 소금을 약간 넣어 달걀을 12분 정도 완숙으로 삶는다.

② 양파는 0.2cm 크기로 다져서 소금에 살짝 절였다가 물에 헹궈 물기를 짜 매운맛을 빼놓는다.

③ 청피망, 오이피클도 0.2cm 크기로 다져 물기를 짜고, 레몬즙을 만든다.

④ 삶은 달걀을 찬물에 담가 식혀 흰자는 0.2cm 크기로 다지고 노른자는 체에 내린다.

⑤ 마요네즈에 토마토케첩을 3 : 1 정도로 섞어 핑크색 소스를 만든다.

⑥ 볼에 다진 재료를 모두 넣은 후 ⑤의 소스와 소금, 흰 후춧가루, 식초와 레몬즙을 넣고 고루 섞어 완성그릇에 담아낸다.

▶ 달걀 삶기

▶ 채소 다지기

▶ 노른자 체에 내리기

▶ 볼에 버무리기

합격 Point

* 주어진 재료를 곱게 다져 물기를 짜 준다.
* 마요네즈와 케첩, 다진 재료를 섞을 때는 약간 흐르듯이 하여 농도를 맞춘다.
* 파슬리 다진 것을 사용하면 오작 처리된다.

20 프렌치 프라이드 쉬림프
French Fried Shrimp

시험시간 25분

프렌치 프라이드 쉬림프는 프랑스식 튀김으로 새우를 구부러지지 않게 반듯하게 펴서 달걀 노른자, 밀가루, 달걀 흰자의 거품을 섞어 만든 반죽을 입혀 노릇하게 튀겨낸 요리이다.

요구사항

※ 주어진 재료를 사용하여 다음과 같이 프렌치 프라이드 쉬림프를 만드시오.
가. 새우는 꼬리쪽에서 1마디 정도 껍질을 남겨 구부러지지 않게 튀기시오.
나. 새우튀김은 4개를 제출하시오.
다. 레몬과 파슬리를 곁들이시오.

핵심 NOTE

1) 새우는 꼬리쪽에서 1마디 정도만 껍질을 남긴다.
2) 튀김반죽에 유의하고, 튀김의 색깔이 깨끗하게 한다.

지급재료

새우 4마리(50~60g), 밀가루(중력분) 80g, 흰설탕 2g, 달걀 1개, 레몬 1/6개, 식용유 500ml, 소금소금(정제염) 2g, 흰 후춧가루 2g, 파슬리(잎, 줄기 포함) 1줄기, 냅킨(흰색, 기름제거용) 2장, 이쑤시개 1개

만드는 방법

1. 파슬리는 찬물에 담가 싱싱하게 준비한다.
2. 새우는 소금물에 씻어 머리에서 2번째 마디에 이쑤시개를 넣어 내장을 제거하고 꼬리쪽 한 마디를 남기고 껍질을 벗기고 머리, 물주머니도 잘라낸다. 안쪽에 2~3번 칼집을 넣고 반듯하게 펴서 소금, 흰 후춧가루로 밑간한다.
3. 달걀은 흰자, 노른자를 분리 후 볼에 흰자를 넣고 거품기를 한 방향으로 저어 거품을 낸다.
4. 밀가루 3큰술을 체에 내려 달걀 노른자 1큰술, 설탕 1/2작은술, 소금 약간, 찬물 1큰술 정도 섞고 가볍게 저어 튀김반죽을 만들고 달걀 흰자 거품으로 농도를 맞춘다.
5. 새우의 물기를 살짝 닦고 꼬리만 남기고 밀가루를 묻혀 튀김옷을 입힌 후 160℃ 정도의 기름에 튀기는데 새우등이 구부러지지 않게 한다.
6. 튀긴 새우는 냅킨 위에 올려 기름기를 제거하여 완성접시에 담고 레몬과 파슬리로 장식하여 낸다.

▶ 새우 내장 제거하기

▶ 달걀 흰자 거품내기

▶ 튀김반죽 만들기

▶ 새우튀김 만들기

합격 Point

* 새우의 내장은 등쪽 2, 3마디 사이에 이쑤시개를 넣어 제거하고 배쪽에 칼집을 넣고 등을 펴서 구부러지지 않게 한다.
* 튀김반죽은 튀기기 직전에 만들어야 한다.

21 비프스튜
Beef Stew

시험시간 **40분**

스튜는 고기와 채소를 큼직하게 썰어 버터에 볶다가 브라운 소스를 넣고 뭉근하게 끓인 요리로 우리나라의 찜과 비슷한 요리이다.

요구사항

※ 주어진 재료를 사용하여 다음과 같이 비프스튜를 만드시오.

가. 완성된 소고기와 채소의 크기는 1.8cm 정도의 정육면체로 하시오.
나. 브라운 루(Brown Roux)를 만들어 사용하시오.
다. 파슬리 다진 것을 뿌려 내시오.

핵심 NOTE

1) 소스의 농도와 분량에 유의한다.
2) 고기와 채소는 형태를 유지하면서 익히는 데 유의한다.

지급재료

소고기(살코기, 덩어리) 100g, 당근(둥근 모양이 유지되게 등분) 70g, 양파(중, 150g정도) 1/4개, 셀러리 30g, 감자(150g정도) 1/3개, 마늘(중, 깐 것) 1쪽, 토마토 페이스트 20g, 밀가루(중력분) 25g, 버터(무염) 30g, 소금(정제염) 2g, 검은 후춧가루 2g, 파슬리(잎, 줄기 포함) 1줄기, 월계수잎 1잎, 정향 1개

만드는 방법

❶ 당근, 감자는 사방 1.8cm의 정육면체로 썰고, 감자는 찬물에 한번 씻어 전분을 뺀다. 셀러리, 양파도 사방 1.8cm 크기로 썰고, 마늘은 다진다.

❷ 부케가르니(월계수잎, 정향, 파슬리 줄기)를 만든다.

❸ 소고기의 핏물을 닦아 사방 2cm 정도로 썰어서 소금, 검은 후춧가루로 밑간하여 밀가루를 가볍게 묻힌다.

❹ 파슬리는 곱게 다져 면보에 싸서 물에 씻어 보슬보슬한 파슬리 가루를 준비한다.

❺ 팬에 버터를 녹이고 다진 마늘과 함께 밀가루 묻힌 소고기를 볶는다. 다시 버터를 녹이고 당근, 감자, 양파, 셀러리 순으로 각각 볶아 놓는다.

❻ 냄비에 분량의 버터를 넣고 녹으면 밀가루를 넣어 약불에서 진한 갈색이 나도록 볶아 브라운 루를 만든다.

❼ 브라운 루에 토마토 페이스트를 넣어 볶은 후 물 2컵 정도를 조금씩 넣어가며 멍울 없이 풀어준다. 여기에 ❺의 재료와 부케가르니를 넣고 은근히 끓이다가 감자를 넣어 푹 익힌다.

❽ 내용물이 익고 농도가 걸쭉해지면 부케가르니를 꺼낸 후 소금, 검은 후춧가루로 간을 한 후 완성그릇에 담고 파슬리 가루를 뿌려낸다.

▶ 소고기 모양내기

▶ 재료 볶기

▶ 브라운 루에 토마토 페이스트 넣기

▶ 비프스튜 끓이기

합격 Point

* 소고기는 익으면 줄어들기 때문에 채소보다 약간 크게 자른다.
* 감자는 일찍 넣어 익히면 부서지기 쉬우므로 중간에 넣어 익힌다.
* 재료를 충분히 익히기 위해 물의 양은 재료가 잠길 정도로 붓는다.

22 바비큐 폭찹
Barbecued Pork Chop

시험시간 **40분**

바비큐(Barbecue)란 통째로 고기를 직접 불에 굽는 요리를 말하며 폭(Pork)은 돼지고기, 찹(Chop)은 갈비뼈가 붙은 고기를 의미한다. 바비큐 폭찹은 돼지갈비에 토마토케첩, 식초, 설탕, 우스터 소스 등을 넣어 만든 새콤달콤한 바비큐 소스를 끼얹어 굽거나 조려내는 요리이다.

요구사항

※ 주어진 재료를 사용하여 다음과 같이 바비큐 폭찹을 만드시오.
가. 고기는 뼈가 붙은 채로 사용하고 고기의 두께는 1cm 정도로 하시오.
나. 양파, 셀러리, 마늘은 다져 소스로 만드시오.
다. 완성된 소스는 농도에 유의하고 윤기가 나도록 하시오.

핵심 NOTE

1) 주어진 재료로 소스를 만들고 농도에 유의한다.
2) 재료의 익히는 순서를 고려하여 끓인다.

지급재료

돼지갈비(살두께 5cm 이상, 뼈를 포함한 길이 10cm) 200g, 양파(중, 150g 정도) 1/4개, 셀러리 30g, 비프 스톡(육수) 200ml(물로 대체 가능), 식용유 30ml, 토마토케첩 30g, 우스터 소스 5ml, 핫 소스 5ml, 밀가루 10g, 버터(무염) 10g, 황설탕 10g, 레몬 1/6개(길이(장축)로 등분), 마늘 1쪽(중, 깐 것), 소금 2g, 검은 후춧가루 2g, 월계수잎 1잎, 식초 10ml

만드는 방법

1. 돼지갈비는 기름을 떼내고 뼈가 붙은 상태에서 저며가며 펼친 다음 잔 칼집을 넣고 소금과 검은 후춧가루로 밑간한다.
2. 셀러리는 섬유질을 제거하여 곱게 다지고 마늘, 양파도 다진다.
3. 밑간한 돼지갈비에 밀가루를 가볍게 묻히고, 팬에 식용유를 두르고 돼지갈비를 올리고 갈색이 나도록 양면을 굽는다.
4. 냄비에 버터를 녹여 다진 마늘, 양파, 셀러리를 볶은 다음 토마토케첩 1큰술을 넣고 볶는다.
5. 4에 비프 스톡(물) 1/2컵을 붓고 황설탕 1큰술, 우스터 소스 1작은술, 핫 소스 1작은술, 레몬즙, 식초, 월계수잎을 넣고 끓여 소스를 만들다 지져놓은 갈비를 넣고 소스를 끼얹어가며 윤기나게 조린다.
6. 갈비가 익으면 월계수잎을 건져내고 갈비를 완성접시에 담고 소스를 끼얹어 낸다.

▶ 돼지갈비 저미기

▶ 돼지갈비 굽기

▶ 바비큐 소스 만들기

▶ 돼지갈비를 소스에 넣어 조리기

합격 Point

* 요구하는 고기 두께가 1cm라는 것을 감안하여 저민다.
* 고기가 타는 것을 방지하기 위해 익힐 때 버터는 조금만 사용하고, 소스는 새콤달콤한 맛이 나고 바비큐에 끼얹을 때 윤기가 나도록 조리한다.
* 시험장에서는 갈빗살에 고깃덩어리가 제시되는 경우가 많다.

23 서로인 스테이크
Sirloin Steak

시험시간 30분

서로인 스테이크는 대표적인 메인요리로 소고기의 등심을 도톰하게 썰어 미디움으로 구워서 만든 요리이다. 영국의 찰스 2세가 식사 때마다 입을 즐겁게 해주는 고기가 Loin 부분임을 알고 Knight 작위를 수여한 이후부터 Sir-loin이라고 부르게 되었다.

요구사항

※ 주어진 재료를 사용하여 다음과 같이 서로인 스테이크를 만드시오.
가. 스테이크는 미디움(Medium)으로 구우시오.
나. 더운 채소(당근, 감자, 시금치)를 각각 모양있게 만들어 함께 내시오.

핵심 NOTE

1) 스테이크의 색에 유의한다(곁들이는 소스는 생략한다).
2) 주어진 조미재료를 활용하여 더운 채소의 요리법(색, 모양 등)에 유의한다.

지급재료

소고기(등심, 덩어리) 200g, 감자(150g 정도) 1/2개, 당근 70g(둥근 모양이 유지되게 등분), 시금치 70g, 양파(중, 150g 정도) 1/6개, 식용유 150ml, 버터(무염) 50g, 소금(정제염) 2g, 검은 후춧가루 1g, 흰설탕 25g

만드는 방법

① 냄비에 채소 데칠 물을 올리고, 감자는 껍질을 벗겨 5cm×0.7cm×0.7cm로 썰어 찬물에 담가 전분을 빼고 끓는 소금물에 반쯤 익힌다.

② 당근은 지름 4cm, 두께 0.8cm로 썰어 비취모양으로 다듬어 끓는 소금물에 데치고 양파를 곱게 다진다. 시금치는 다듬어 끓는 물에 소금을 넣고 데쳐 찬물에 헹군 다음 5cm 길이로 썰어 놓는다.

③ 감자는 기름에 노릇하게 튀겨 소금을 뿌려 놓는다.

④ 팬에 버터를 살짝 넣고 녹여 시금치, 양파 다진 것을 살짝 볶아 소금, 검은 후춧가루로 간한다.

⑤ 데친 당근은 냄비에 담고 물 4큰술, 버터 1작은술, 설탕 1큰술, 소금을 약간 넣어 윤기나게 조린다.

⑥ 소고기는 힘줄과 기름을 제거하고 소금, 검은 후춧가루를 뿌리고 식용유를 살짝 발라 둔다. 팬이 뜨거워지면 손질한 고기를 넣고 앞뒤로 갈색이 나게 중간 정도(미디움)로 익힌다.

⑦ 완성접시에 튀긴 감자, 시금치, 당근을 담고, 스테이크를 담는다.

▶ 감자 썰기

▶ 당근 데치기

▶ 시금치 데치기

합격 Point

* 당근은 비취모양으로 3개 정도 준비하여 충분히 익히고 윤기나게 조린다.
* 서로인 스테이크는 미디움으로 익혀낸다(겉은 익고 속은 선홍색을 띠는 정도).

▶ 미디움 스테이크로 굽기

24 살리스버리 스테이크
Salisbury Steak

시험시간 40분

살리스버리 스테이크는 의사였던 영국의 후작 이름을 따서 붙인 것으로 빈혈퇴치를 위해 이 요리를 많이 먹도록 권장하여 유행시켜 붙여진 요리이다. 살리스버리 스테이크는 소고기를 곱게 다져 여러 가지 재료를 섞어 타원형으로 만들어 구운 것으로 소고기만 사용했다는 데서 햄버거 스테이크와 차이가 있다.

요구사항

※ 주어진 재료를 사용하여 다음과 같이 살리스버리 스테이크를 만드시오.
가. 살리스버리 스테이크는 타원형으로 만들어 고기 앞, 뒤의 색을 갈색으로 구우시오.
나. 더운 채소(당근, 감자, 시금치)를 각각 모양 있게 만들어 곁들여 내시오.

핵심 NOTE

1) 고기가 타지 않도록 하며, 구워진 고기가 단단해지지 않도록 유의한다(곁들이는 소스는 생략한다).
2) 주어진 조미재료를 활용하여 더운 채소의 요리법(색, 모양 등)에 유의한다.

지급재료

소고기(살코기, 간 것) 130g, 당근 70g(둥근 모양이 유지되게 등분), 양파(중, 150g 정도) 1/6개, 시금치 70g, 감자(150g 정도) 1/2개, 식용유 150ml, 버터(무염) 50g, 빵가루(마른 것) 20g, 달걀 1개, 소금(정제염) 2g, 우유 10ml, 흰설탕 25g, 검은 후춧가루 2g

만드는 방법

❶ 감자는 5cm×0.7cm×0.7cm로 썰어 찬물에 담가 전분을 빼고 끓는 물에 소금을 약간 넣고 데친다.

❷ 당근은 지름 4cm, 두께 0.8cm 크기로 썰어 비취모양으로 가장자리를 다듬어 끓는 물에 소금을 약간 넣어 데치고, 시금치도 끓는 물에 소금을 약간 넣고 데쳐 찬물에 헹궈 5cm 길이로 썰어 놓는다.

❸ 데친 감자는 물기를 닦아 170℃ 정도의 기름에 노릇하게 튀기고 뜨거울 때 소금을 약간 뿌려 놓는다.

❹ 당근은 냄비에 물 4큰술, 버터 1작은술, 백설탕 1큰술, 소금을 약간 넣고 윤기나게 조린다.

❺ 양파는 곱게 다져 일부는 볶아 식히고 일부는 남겨둔다.

❻ 팬에 버터를 녹여 다진 양파를 넣어 볶으면서 시금치를 넣어 살짝 볶고 소금, 검은 후춧가루로 간을 한다.

❼ 다진 소고기는 핏물을 닦고 한 번 더 다져 소금, 검은 후춧가루, 볶은 양파, 달걀물, 빵가루, 우유를 넣고 고루 섞어 잘 치댄 다음 타원형으로 모양을 만든다.

❽ 팬을 달구어 식용유를 두른 뒤 만든 스테이크를 앞뒤로 타지 않고 노릇하게 구워 익힌다. 완성그릇에 감자, 시금치, 당근을 담고 가운데 스테이크를 담아낸다.

▶ 시금치, 당근, 감자 썰어 데쳐 놓기

▶ 양파 볶기

▶ 스테이크 모양 만들기

▶ 스테이크 굽기

합격 Point

* 고기반죽이 너무 되직하면 구웠을 때 고기가 단단해지며, 오랫동안 끈기 있게 치대야만 구웠을 때 모양을 유지할 수 있다.
* 고기를 익힐 때는 뚜껑을 덮고 고기가 완전히 익을 때까지 타지 않게 굽는다.

25 치킨 커틀렛
Chicken Cutlet

시험시간 **30분**

커틀렛은 생선이나 육류를 얇게 저며 밀가루, 달걀물, 빵가루를 입혀 기름에 튀겨내는 요리로 주로 돼지고기, 소고기, 닭고기, 생선 등으로 요리한다.

요구사항

※ 주어진 재료를 사용하여 다음과 같이 치킨커틀렛을 만드시오.
가. 닭은 껍질채 사용하시오.
나. 완성된 커틀렛의 색에 유의하고 두께는 1cm 정도로 하시오.
다. 딥 팻 후라이(Deep Fat Frying)로 하시오.

핵심 NOTE

1) 닭고기 모양에 유의한다.
2) 완성된 커틀렛의 색깔에 유의한다.

지급재료

닭다리(한 마리 1.2kg 정도, 허벅지살 포함 반마리 지급 가능) 1개, 달걀 1개, 밀가루(중력분) 30g, 빵가루(마른 것) 50g, 식용유 500ml, 소금(정제염) 2g, 검은 후춧가루 2g, 냅킨(흰색, 기름제거용) 2장

만드는 방법

1. 닭은 깨끗하게 씻어 껍질이 붙은 상태로 뼈에서 살을 발라 내서 두께 0.7cm 정도 되도록 포를 뜬다.
2. 포 뜬 닭은 힘줄을 제거하고 껍질 쪽에 잔 칼집을 넣어 소금, 검은 후춧가루로 밑간한다.
3. 달걀을 깨트려 잘 저어 풀어 놓는다.
4. 손질된 닭고기에 밀가루, 달걀물, 빵가루 순으로 옷을 입혀 160~170℃ 정도의 기름에 노릇하게 튀겨낸다(딥 팻 후라이).
5. 튀긴 닭고기는 냅킨에 올려 기름을 제거한 후 살 쪽이 위에 오도록 담아낸다.

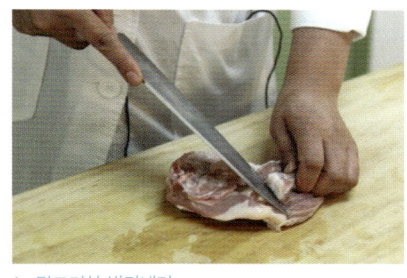
▶ 닭고기살 발라내기

▶ 닭고기살에 칼집내기

▶ 달걀물 입히기

합격 Point

* 닭의 다리부분도 살을 발라 힘줄, 기름을 제거하고 껍질은 그대로 사용한다.
* 닭살의 두께를 0.7cm 정도로 조절해야 1cm 크기가 되며, 닭 1/2마리가 주어졌을 경우 가슴살과 다리 부분 모두 제출해야 한다.
* 빵가루는 수분을 약간 주어 눅눅하게 튀겨야 쉽게 타지 않는다.
* 접시에 담을 때 껍질 쪽은 접시 밑에, 살 쪽은 위로 보일 수 있게 담는다.

▶ 커틀렛 튀기기

26 치킨알라킹
Chicken a′la King

시험시간 30분

치킨알라킹은 왕을 위한 닭고기 요리로 영국식 닭고기 요리이다. 익힌 닭고기와 채소에 화이트 소스를 곁들인 요리이다.

요구사항

※ 주어진 재료를 사용하여 다음과 같이 치킨알라킹을 만드시오.

가. 완성된 닭고기와 채소, 버섯의 크기는 1.8cm×1.8cm 정도로 균일하게 하시오.
나. 닭뼈를 이용하여 치킨육수를 만들어 사용하시오.
다. 화이트 루(White Roux)를 이용하여 베샤멜소스(Bechamel Sauce)를 만들어 사용하시오.

핵심 NOTE

1) 소스의 색깔과 농도에 유의한다.

지급재료

닭다리(한 마리 1.2kg 정도, 허벅지살 포함 반마리 지급 가능) 1개, 청피망(중, 75g 정도) 1/4개, 홍피망(중, 75g 정도) 1/6개, 양파(중, 150g 정도) 1/6개, 양송이(20g) 2개, 버터(무염) 20g, 밀가루(중력분) 15g, 우유 150ml, 정향 1개, 생크림(조리용) 20ml, 소금(정제염) 2g, 흰 후춧가루 2g, 월계수잎 1잎

만드는 방법

① 닭다리는 깨끗이 씻어 뼈에서 살을 발라낸 후 껍질과 기름을 제거하고 사방 2cm 크기로 자른다.

② 냄비에 물 2컵 정도를 붓고 닭뼈를 넣어 끓여 걸러 치킨스톡을 만든다.

③ 청·홍피망과 양파는 사방 1.8cm 크기로 썰고, 양송이는 겉껍질을 벗겨 모양을 살려 일정한 크기로 썬다.

④ 부케가르니(월계수잎, 정향, 양파)를 만든다.

⑤ 팬에 버터를 약간 녹여 닭고기를 볶아내고, 양파, 양송이, 청·홍피망 순으로 각각 살짝 볶아낸다.

⑥ 냄비에 버터 1큰술을 녹여 밀가루 1½를 넣고 하얗게 볶아 화이트 루를 만든 후 ❷의 치킨 육수를 조금씩 부어가며 멍울 없이 풀어주고 부케가르니를 넣어 잠깐 끓인다.

⑦ ❻에 ❺의 재료와 닭고기를 넣고 끓이면서 우유와 생크림으로 농도를 맞춘다. 거의 완성됐을 때 부케가르니를 건져 내고 소금, 흰 후춧가루로 간을 하여 담아낸다.

▶ 닭고기 자르기

▶ 닭고기 볶아내기

▶ 재료 자르기

▶ 화이트 루에 닭고기, 채소 넣어 끓이기

합격 Point

* 버터와 밀가루를 볶을 때 색이 나지 않게 약불에서 볶는다.
* 소스 농도는 수프보다는 약간 되직하게 만들고, 우유가 150ml가 지급되므로 치킨 육수는 적게 사용한다.

27 BLT 샌드위치
Bacon, Lettuce, Tomato Sandwich

시험시간 30분

BLT 샌드위치는 베이컨(Bacon), 양상추(Lettuce), 토마토(Tomato)의 약자로 글자의 첫 자를 따서 붙인 이름이다. 샌드위치는 얇게 자른 빵 사이에 여러가지 재료를 넣은 것으로 BLT 샌드위치는 영국식 샌드위치이다.

요구사항

※ 주어진 재료를 사용하여 다음과 같이 BLT 샌드위치를 만드시오.
가. 빵은 구워서 사용하시오.
나. 토마토는 0.5cm 정도의 두께로 썰고, 베이컨은 구워서 사용하시오.
다. 완성품은 4조각으로 썰어 전량을 제출하시오.

핵심 NOTE

1) 베이컨의 굽는 정도와 기름 제거에 유의한다.
2) 샌드위치의 모양이 나빠지지 않도록 썰 때 유의한다.

지급재료

식빵(샌드위치 용) 3조각, 양상추(2잎 정도, 잎상추 대체 가능) 20g, 토마토(중, 150g 정도) 1/2개(둥근 모양이 되도록 잘라서 지급), 베이컨(25~30cm) 2조각, 마요네즈 30g, 소금(정제염) 3g, 검은 후춧가루 1g

만드는 방법

① 양상추는 찬물에 담가 싱싱하게 준비해 두고, 물기를 닦아 식빵 크기로 뜯어 놓는다.

② 식빵은 기름을 두르지 않은 팬에 양면을 노릇하게 구워 놓는다(토스트하기).

③ 토마토는 0.5cm 두께의 원형으로 잘라 소금을 살짝 뿌려 수분을 제거한다.

④ 베이컨은 팬에 굽고 기름기를 제거해 놓는다.

⑤ ②의 토스트한 식빵 2장은 한 면에만 마요네즈를 바르고 1장은 양면에 마요네즈를 바른다.

⑥ 식빵의 마요네즈 바른 쪽을 위로 놓고 양상추, 베이컨을 올려 놓고 양면에 마요네즈 바른 빵, 양상추, 토마토, 식빵 순으로 올려 샌드위치를 만든다.

⑦ 면보에 샌드위치를 싸서 가벼운 것으로 살짝 눌러 고정시키고 샌드위치의 가장자리를 잘라내고 4등분하여 접시에 담아낸다.

▶ 식빵 토스트하기

▶ 베이컨 굽기

▶ 빵 위에 재료 얹기

▶ 샌드위치 가장자리 잘라내기

합격 Point

* 빵은 뜨거울 때 마요네즈를 바르면 잘 발라지고 약불에서 구워야 단단해진다.
* 샌드위치의 가운데에 이쑤시개를 꽂아 고정시키고 불에 달군 칼로 자르면 쉽게 잘라진다(이쑤시개 제공되는 경우).
* 채소의 물기를 충분히 제거해야 토스트가 눅눅해지지 않는다.
* 토마토에는 검은 후춧가루를 같이 뿌리기도 한다.

28 햄버거 샌드위치
Hamburger Sandwich

시험시간 **30분**

샌드위치의 유래는 영국의 샌드위치 백작이 카드놀이를 즐기면서 카드놀이를 중단하지 않고 식사를 할 수 있는 간단한 방법으로 두 장의 빵 사이에 고기와 채소를 넣어 먹었다고 하는 데서 유래되었다.

요구사항

※ 주어진 재료를 사용하여 다음과 같이 햄버거 샌드위치를 만드시오.
가. 빵은 버터를 발라 구워서 사용하시오.
나. 고기는 미디움웰던(medium-wellden)으로 굽고, 구워진 고기의 두께는 1cm 정도로 하시오.
다. 토마토, 양파는 0.5cm의 두께로 썰고 양상추는 빵의 크기에 맞추시오.
라. 샌드위치는 반으로 잘라내시오.

핵심 NOTE

1) 구워진 고기가 단단해지거나 부서지지 않도록 유의한다.
2) 빵에 수분이 흡수되지 않도록 유의한다.

지급재료

소고기(살코기, 방심) 100g, 양파(중, 150g 정도) 1개, 셀러리 30g, 양상추 20g, 토마토(중, 150g정도) 1/2개(둥근 모양이 되도록 잘라서 지급), 햄버거 빵 1개, 버터(무염) 15g, 식용유 20ml, 빵가루(마른 것) 30g, 달걀 1개, 소금(정제염) 3g, 검은 후춧가루 1g

만드는 방법

❶ 양상추는 찬물에 담가 두고, 햄버거 빵은 버터를 한쪽 면에 발라 팬에 굽는다.

❷ 토마토는 0.5cm 두께의 원형으로 발라 소금을 살짝 뿌려 탈수 시키고, 양파는 0.5cm 두께로 자르고 일부는 다진다. 셀러리는 섬유질을 제거하고 곱게 다져 준비한다. 소고기는 핏물과 기름기를 제거하고 곱게 다진다.

❸ 기름 두른 팬에 다진 양파와 셀러리를 볶아 식힌다.

❹ 볼에 다진 소고기와 볶은 양파, 셀러리, 소금, 검은 후춧가루, 달걀물, 빵가루를 넣고 충분히 치대서 모양을 만든다.

❺ ❹를 햄버거 빵의 직경보다 1cm 정도 크게 하고 두께는 0.7cm 정도로 하여 둥글게 빚어 기름 두른 팬에서 속까지 익힌다.

❻ 햄버거 빵의 토스트한 면에 버터를 바르고, 물기를 제거한 양상추를 위에 놓고 구운 고기, ❷의 자른 양파, 토마토 순으로 얹은 후 남은 햄버거 빵을 덮는다.

❼ 햄버거 샌드위치를 반으로 자른 후, 자른 단면이 보기 좋도록 완성그릇에 담아 제출한다.

▶ 햄버거 빵 토스트하기

▶ 다진 양파 볶기

▶ 고기반죽 굽기

합격 Point

* 고기반죽에 들어가는 달걀물은 1큰술 정도로 하고, 빵가루는 반죽의 농도를 확인하고 1~2큰술 정도 사용한다.
* 고기는 익으면 크기는 줄어들고 두께는 두꺼워지므로 빵 크기보다 크게 잡고 두께는 요구사항(1cm)보다 얇게 잡는다.
* 빚은 고기를 익힐 때 뚜껑을 덮어야 속까지 잘 익는다.

▶ 빵 위에 재료 얹고 빵으로 덮기

29 스파게티 카르보나라
Spaghetti Carbonara

시험시간 30분

카르보나라(까르보나라, 이탈리아어)는 달걀에 생크림을 섞은 리에종으로 농도를 맞추는 이탈리아의 대표적인 파스타이다

요구사항

※ 주어진 재료를 사용하여 다음과 같이 스파게티 카르보나라를 만드시오.
가. 스파게티 면은 Al Dante(알 단테)로 삶아서 사용하시오.
나. 파슬리는 다지고 통후추는 곱게 으깨서 사용하시오.
다. 베이컨은 1cm 정도 크기로 썰어, 으깬 통후추와 볶아서 향이 잘 우러나게 하시오.
라. 생크림은 달걀노른자를 이용한 리에종(Liaison)과 소스에 사용하시오.

핵심 NOTE

1) 크림에 리에종을 넣어 소스 농도를 잘 조절하며, 소스가 분리되지 않도록 한다.

지급재료

스파게티면(건조 면) 80g, 올리브 오일 20ml, 버터(무염) 20g, 생크림 180ml, 베이컨(길이 15~20cm) 2개, 달걀 1개, 파마산 치즈가루 10g, 파슬리(잎, 줄기 포함) 1줄기, 소금(정제염) 5g, 검은 통후추 5개, 식용유 20ml

만드는 방법

① 끓는 물에 소금과 식용유를 넣고 스파게티면을 넣어 9분 정도 삶아 알 단테로 만든다.

② 파슬리는 잎만 떼어 곱게 다져 면보에 싸서 흐르는 물에 헹궈놓고 통후추는 칼등으로 으깨 놓는다.

③ 휘핑크림 120ml 정도에 달걀노른자 1개를 섞어 리에종을 만들어 놓는다.

④ 베이컨은 1cm 크기로 썰어 팬에 버터를 녹여 으깬 후추를 넣고 볶는다.

⑤ 베이컨을 볶으면서 스파게티면과 올리브 오일, 소금, 후추를 넣고 같이 볶다가 남은 휘핑크림을 넣고 볶는다.

⑥ 볶은 면에 리에종을 넣어 농도를 맞추고 불을 끈 후 다진 파슬리와 파마산 치즈가루를 뿌린다.

▶ 스파게티 삶기

▶ 리에종 만들기

▶ 스파게티면 볶기

합격 Point

* 스파게티면은 너무 퍼지지 않게 알 단테로 삶는다.
* 리에종은 농도를 맞추는데 사용되는 농후제로, 많은 종류의 리에종이 있는데 카르보나라는 달걀노른자를 사용하는 리에종을 사용한다. 생크림의 온도가 80℃가 넘어가면 달걀이 익게 되므로 낮은 온도에서 섞어주며 카르보나라를 만들 때 리에종은 불에서 내리기 직전에 넣어 분리를 막는 것이 중요하다.

▶ 리에종 넣어 농도 맞추기

30 토마토소스 해산물 스파게티
Seafood spaghetti tomato sauce

시험시간 35분

토마토소스 해산물 스파게티는 토마토소스를 만들어 해산물과 함께 볶은 스파게티면에 섞어 만드는 파스타로, 담백하면서도 토마토소스가 어우러져 깔끔한 맛의 조화를 이루는 파스타이다.

요구사항

※ 주어진 재료를 사용하여 다음과 같이 토마토소스 해산물 스파게티를 만드시오.

가. 스파게티 면은 Al Dante(알 단테)로 삶아서 사용하시오.
나. 조개는 껍질째, 새우는 껍질을 벗겨 내장을 제거하고, 관자살은 편으로 썰고, 오징어는 0.8cm × 5cm 정도 크기로 썰어 사용하시오.
다. 해산물은 화이트와인을 사용하여 조리하고, 마늘과 양파는 해산물 조리와 토마토소스 조리에 나누어 사용하시오.
라. 바질을 넣은 토마토소스를 만들어 사용하시오
마. 스파게티는 토마토소스에 버무리고 다진 파슬리와 슬라이스한 바질을 넣어 완성하시오.

핵심 NOTE

1) 토마토소스는 자작한 농도로 만들어야 한다.
2) 스파게티는 토마토소스와 잘 어우러지도록 한다.

지급재료

스파게티면(건조 면)70g, 토마토(캔, 홀필드, 국물포함) 300g, 마늘 3쪽, 양파(중, 150g정도) 1/2개, 바질(신선한 것) 4잎, 파슬리(잎, 줄기 포함) 1줄기, 방울토마토(붉은색) 2개, 올리브 오일 40ml, 새우(껍질 있는 것) 3마리, 모시조개 3개(바지락 대체 가능), 오징어(몸통) 50g, 관자살(50g) 1개(작은관자 3개정도), 화이트 와인 20ml, 소금 5g, 흰 후춧가루 5g, 식용유 20ml

만드는 방법

❶ 토마토캔은 다져 국물과 함께 준비하고 마늘과 양파도 곱게 다져 놓는다.

❷ 파슬리는 잎만 떼어 곱게 다져 면보에 싸서 흐르는 물에 헹궈놓는다. 바질 2잎은 다지고, 2잎은 곱게 썬다.

❸ 팬에 올리브 오일 1큰술을 두르고 다진 마늘과 양파 1/2을 볶는다.

❹ 마늘과 양파를 노릇하게 볶으면 다진 토마토와 국물을 넣고 뭉근하게 끓인다.

❺ 자작하게 소스가 끓으면 다진 바질을 넣어 토마토소스를 완성한다.

❻ 소금과 식용유를 넣어 끓인 물에 스파게티면을 넣고 알 단테로 삶는다.

❼ 새우는 내장을 제거하고 껍질을 까서 반으로 갈라놓고, 오징어는 껍질을 벗겨 칼집을 넣어 썰어 준다.

❽ 관자살은 한입크기로 썰고, 모시조개는 깨끗이 씻어 놓고, 방울토마토는 1/2로 잘라 놓는다.

❾ 팬에 올리브 오일을 두른 후 다진 마늘과 양파를 넣어 색이 나기 직전까지 볶고 준비한 해산물을 넣고 볶으며 화이트 와인으로 플람베를 해주고 소금, 후추로 간을 한다.

❿ 볶은 해산물에 토마토소스를 넣고 끓이면서 스파게티면을 넣고 볶는다.

⓫ 스파게티가 완성되어 가면 썬 바질과 다진 파슬리, 방울토마토를 넣고 마무리한다.

▶ 토마토소스 만들기

▶ 스파게티면 삶기

▶ 해산물 볶기

▶ 토마토소스 섞기

합격 Point

* 캔 토마토는 잘 다지고, 국물까지 사용하여 뭉근하게 잘 졸여 토마토 입자가 으깨질 정도의 소스를 만든다.
* 스파게티면은 너무 퍼지지 않게 알 단테로 삶는다.
* 화이트 와인으로 플람베(센불에서 주류를 첨가하여 단시간에 알코올을 날리는 조리법)를 해서 해산물의 비린내를 없애준다.

PART 03

Western Food

03

손님을 위한 상차림(17가지)

01 | 과일 카프레제

재료 및 분량

생 모짜렐라 치즈 100g, 오렌지 1/2개, 키위 1개, 토마토 1/2개, 바질 10g, 블랙올리브 10g, 발사믹 크림 50ml, 올리브오일 30ml, 소금·후추 약간

만드는 방법

① 키위와 오렌지는 껍질을 벗겨 0.5cm 두께로 잘라준다.
② 토마토와 블랙올리브도 0.5cm 두께로 잘라준다.
③ 생 모짜렐라 치즈를 0.5cm 두께로 잘라준다.
④ 생 모짜렐라 치즈와 키위, 오렌지, 토마토, 블랙올리브를 번갈아 접시에 놓는다.
⑤ 소금과 후추를 뿌리고 올리브오일과 발사믹 크림을 뿌린다.
⑥ 생 바질잎을 얹어 마무리한다.

02 | 요거트 소스를 곁들인 흰살생선 샐러드

재료 및 분량

흰살생선 200g, 샐러드용 채소(양상추, 치커리, 로메인 상추, 로켓, 라디치오 등 적당량), 화이트 와인 2큰술, 소금 1/2작은술, 흰 후춧가루 약간, 빵가루 50g, 밀가루 20g, 달걀 1개, 식용유 500ml

- **요거트 소스** 요거트 80g, 오이피클 1/2개, 양파 1/10개(50g), 파슬리 1줄기, 레몬즙 1작은술, 우유 1큰술, 소금 2g, 흰 후춧가루 2g

만드는 방법

① 흰살생선은 두께 0.7cm×길이 3cm 크기로 썬 후 화이트 와인과 소금, 흰 후춧가루로 밑간한다.
② 샐러드용 채소는 먹기 좋은 크기로 뜯어 찬물에 담가둔다.
③ 오이피클과 양파, 파슬리는 곱게 다져서 소스 재료와 섞어서 요거트 소스를 만든다.
④ 흰살생선은 밀가루, 달걀, 빵가루를 묻혀 기름에 튀긴다.
⑤ 그릇에 샐러드 채소와 튀긴 흰살생선을 올리고 요거트 소스를 뿌려낸다.

03 | 오렌지 소스를 곁들인 닭가슴살 샐러드

재료 및 분량

닭가슴살 300g, 토마토 1개, 오렌지 1/2개, 샐러드용 채소(양상추, 치커리, 로메인 상추, 로켓, 라디치오 적당량), 화이트 와인 2큰술, 소금 1/2작은술, 흰 후춧가루 약간

- **오렌지 소스** 오렌지 1/2개, 올리브오일 3큰술, 레몬즙 3큰술, 식초 2큰술, 설탕 2½큰술, 소금 1작은술, 양파 1/2개, 흰 후춧가루 1/2작은술

만드는 방법

① 닭가슴살을 화이트 와인과 소금, 흰 후춧가루로 밑간한다.
② 오렌지는 깨끗이 씻어서 속껍질의 얇은 막까지 제거한다.
③ 오렌지 속살에 칼집을 넣어서 한 개씩 잘라 놓고, 토마토도 웨지로 썰어 놓는다.
④ 샐러드용 채소를 먹기 좋은 크기로 뜯어 찬물에 담가 아삭하게 준비한다.
⑤ 소스 재료를 믹서로 넣고 갈아 오렌지 소스를 만들고, 닭가슴살은 팬에 구워서 썰어준다.
⑥ 그릇에 샐러드 채소와 오렌지, 토마토, 닭가슴살을 보기 좋게 담고 오렌지 소스를 뿌려낸다.

04 | 발사믹 소스를 곁들인 구운 가지 훈제연어롤

재료 및 분량

훈제연어 120g, 가지 80g, 양파 10g, 붉은색 파프리카 10g, 노란색 파프리카 10g, 피망 10g, 케이퍼 10알, 레몬 1조각, 발사믹 크림 2큰술
■ **채소부케** 롤라로사 2잎, 그린치커리 1줄기, 비타민 2잎, 오이 1/4개

만드는 방법

① 연어는 0.3cm로 얇게 슬라이스 해주고 가지는 0.5cm로 슬라이스해서 팬에서 구워준다.

② 양파와 파프리카, 피망은 4cm 길이로 얇게 채썰어준다.

③ 연어에 구운 가지를 포개어 채썬 양파와 파프리카, 피망을 넣어 말아 연어롤을 만든다.

④ 발사믹 크림은 냄비에 넣고 약한 불에서 은근히 졸여 발사믹 소스를 만들어준다.

⑤ 주어진 채소로 부케를 만들어준다.

⑥ 연어롤을 접시에 담고, 레몬과 케이퍼를 곁들여 준 후 졸인 발사믹 소스를 뿌려준다.

05 | 머쉬룸 크림 수프

재료 및 분량

양파 40g, 양송이버섯 80g, 표고버섯 80g, 새송이버섯 80g, 버터 30g, 치킨 스톡 2컵, 생크림 1/2컵, 화이트 루 80g, 소금 1/2작은술, 후춧가루 · 차이브 찹 약간

만드는 방법

1. 양파와 양송이버섯, 표고버섯, 새송이버섯을 깨끗이 씻어 슬라이스한다.
2. 냄비에 버터를 넣고 양파가 익도록 볶는다.
3. 양송이버섯, 표고버섯, 새송이버섯도 넣고 볶는다.
4. 볶아진 재료에 치킨 스톡을 넣고 소금과 후춧가루로 밑간을 한 뒤 끓인다.
5. 끓여진 것을 믹서로 곱게 갈아 체에 내려 냄비에 담고, 생크림을 넣고 끓이다가 화이트 루로 농도를 맞춘 후 소금, 후춧가루로 간을 한다.
6. 그릇에 담은 후 차이브 찹을 띄워낸다.

 완두콩 채소 수프

재료 및 분량

양파 80g, 감자 80g, 완두콩 200g, 화이트 루 40g, 버터 30g, 파슬리 찹 4g, 치킨 스톡 2컵, 생크림 1/2컵, 소금 1/2 작은술, 후춧가루 · 월계수잎 약간

만드는 방법

① 양파, 감자를 깨끗이 씻어 슬라이스한다.
② 냄비에 버터를 녹여 양파, 감자, 완두콩, 월계수잎을 볶는다.
③ 볶아진 재료에 치킨 스톡을 넣고 끓인다.
④ ③이 잘 끓여지면 믹서기로 곱게 갈아 체에 거르고 화이트 루를 풀어 농도를 맞춘다.
⑤ 생크림을 넣고 끓이다가 소금, 후춧가루로 간한다.
⑥ 그릇에 담은 후 파슬리 찹을 띄워낸다.

07 | 브로콜리 수프

재료 및 분량

브로콜리 300g, 양파 100g, 마늘 10g, 베이컨 20g, 버터 5g, 비프 스톡 3½컵, 생크림 200㎖, 화이트 와인 1작은술, 소금 50g, 후춧가루 5g, 화이트 루 50g

만드는 방법

① 팬에 버터를 두르고 양파와 마늘, 베이컨을 볶는다.
② 양파와 마늘이 적당히 익으면 브로콜리 일부를 넣고 볶는다.
③ ❷에 화이트 와인을 넣어서 안 좋은 향을 날려준다.
④ 재료가 충분히 볶아지면 냄비에 비프 스톡과 같이 넣고 끓여준다.
⑤ ❹의 재료가 부드러워질 때까지 익으면 믹서로 곱게 갈아서 체에 거른다.
⑥ ❺를 다시 끓여 생크림과 화이트 루를 넣어 농도를 맞추고, 소금, 후춧가루로 간을 하고 남은 브로콜리 조각을 띄워낸다.

08 | 피쉬타코

재료 및 분량

흰살생선 1마리, 밀가루 5큰술, 달걀 1개, 빵가루 1컵, 화이트 와인 1큰술, 또띠아 2장, 토마토 1/2개, 아보카도 1/2개, 양파 1/4개, 파프리카 1/4개, 양상추 1/8통, 모짜렐라 치즈 1/4장, 사워 크림 1/4컵, 살사 소스 1/4컵, 식용유 300ml, 소금·후추 약간

만드는 방법

① 흰살생선은 3장뜨기하여 살을 분리하여 화이트 와인과 소금, 후추를 뿌려둔다.

② 토마토와 양파는 작게 다지고, 아보카도는 껍질을 제거하고 씨와 분리하여 얇게 썰어준다.

③ 파프리카와 양상추는 채썰어준다.

④ 밑간을 한 ①의 생선에 밀가루를 골고루 얇게 입혀주고 달걀물을 입히고 빵가루를 묻혀서 160~180℃ 기름에 황금색으로 튀긴 후 식혀둔다.

⑤ 또띠아에 다진 토마토와 다진 양파, 아보카도, 채썬 양상추와 파프리카를 얹고 ④의 생선 튀김을 잘라 올린다.

⑥⑤모짜렐라 치즈와 살사 소스, 사워 크림을 얹은 후 말아서 낸다(살사소스는 사진처럼 따로 곁들이기도 한다).

09 | 버팔로윙

재료 및 분량

닭날개 10개, 양파 1/2개, 버터 1큰술, 소금·후춧가루 약간
- **소스** 살사 소스 1컵, 카이엔페퍼 1큰술, 설탕 1큰술, 핫 소스 4큰술, 소금 1/2작은술, 치킨 스톡 1컵
- **곁들임** 당근, 샐러리, 짜먹는 치즈, 통마늘

만드는 방법

① 닭날개를 손질하여 채썬 양파와 소금, 후춧가루로 밑간하고 2시간 정도 재운다.
② 팬에 버터를 녹여 재운 닭날개를 앞뒤로 노릇하게 굽는다(오븐을 사용해도 됨).
③ 팬에 소스 재료를 넣고 끓어오르면 구워놓은 닭날개를 넣고 소스에 굴려가며 조려 윙을 만든다.
④ 당근과 셀러리는 깨끗이 씻어 썰고, 통마늘은 채썰어 찬물에 헹구고 물기를 닦은 다음 기름에 노릇하게 튀겨준다.
⑤ 접시에 ❸의 윙을 담고 위에 튀긴 마늘을 올린 후, 썰어 놓은 당근과 셀러리, 치즈를 담아낸다.

10 | 치킨커리

재료 및 분량

카레가루 500g, 양파 100g, 당근 500g, 사과 100g, 셀러리 50g, 마늘 15g, 식용유 1큰술, 생크림 100ml, 꿀 1작은술, 닭가슴살 150g, 양송이버섯 500g, 브로콜리 100g, 물 1L

만드는 방법

① 사과, 당근 1/2, 양파, 셀러리는 깨끗이 씻은 후 사방 2cm×2cm 크기로 잘라준다.
② 팬에 식용유를 두르고 마늘과 ①의 썰어 놓은 채소를 같이 넣고 충분히 볶아준다.
③ 채소가 어느 정도 익으면 카레가루를 넣고 20분 정도 볶아주다 물을 넣고 뭉근하게 끓여준다.
④ ③을 믹서로 완전히 갈아준다.
⑤ 닭가슴살과 양송이버섯, 당근 1/2을 한입사이즈로 자르고, 브로콜리는 썰어서 끓는 물에 살짝 데쳐 각각 팬에 따로 볶아준다.
⑥ ⑤에 준비한 재료를 넣고 끓여준 후 생크림과 꿀을 넣고 마무리해준다.

11 | 클럽 샌드위치

재료 및 분량

식빵 3장, 양상추 2장, 토마토 1/2개, 닭가슴살 50g, 달걀 1개, 베이컨 3장, 마요네즈 2큰술, 소금 1/2작은술, 올리브오일 2큰술, 후춧가루 약간

만드는 방법

1. 식빵은 팬에 노릇하게 구워 식히고, 양상추는 물에 담갔다가 건져 아삭함을 살려준다.
2. 토마토는 모양대로 0.5cm 정도 얇게 잘라준다.
3. 닭가슴살은 소금, 후춧가루, 올리브오일에 버무려서 팬에 올려 구운 후 슬라이스한다.
4. 달걀은 완숙으로 프라이하고 베이컨은 팬에 굽는다.
5. 구워진 빵에 마요네즈를 바르고 양상추, 토마토를 얹어준다.
6. ⑤에 빵을 덮고 달걀 프라이, 닭가슴살, 베이컨을 올린 후 마지막 빵을 덮어주고 먹기 좋게 잘라 접시에 담아낸다(파슬리로 장식하기도 한다).

12 | 넙치 스테이크

재료 및 분량

넙치 150g, 베이컨 2장, 아스파라거스 4개, 브로콜리 100g, 새송이버섯 2개, 당근 80g, 통마늘 1개, 설탕 25g, 올리브 오일 30g, 소금·후춧가루·버터 약간
■ **베샤멜 소스** 밀가루 30g, 우유 200ml, 버터 50g, 소금 1/2작은술, 흰 후춧가루 약간

만드는 방법

❶ 흰살생선(넙치)을 소금, 후춧가루로 밑간하여 30분 정도 재운 후 베이컨으로 말아준다.
❷ 반으로 자른 아스파라거스와 브로콜리는 손질하여 끓는 물에 데친다.
❸ 새송이버섯은 0.5cm 두께로 썰어 소금, 후춧가루를 넣고 팬에 올려 구워 준다.
❹ 당근은 올리벳트 모양으로 자르고 버터를 두르고 설탕, 소금을 넣어 조린다.
❺ 팬에 올리브 오일을 넣고 다진 마늘을 볶다가 흰살생선을 앞뒤로 익혀준다.
❻ 팬에 버터를 두르고 밀가루를 넣어 볶아서 화이트 루를 만든 후 우유를 넣어 주면서 농도를 맞추고 소금, 흰 후춧가루로 간을 맞춰 베샤멜 소스를 만든다.
❼ 접시에 아스파라거스를 깔고 흰살생선을 그 위에 얹은 뒤 새송이버섯, 브로콜리, 당근으로 장식하고 베샤멜 소스를 부어준다.

13 | 돼지안심 커틀렛

재료 및 분량

돼지고기 안심 300g, 당근 1/4개, 새송이버섯 1개, 아스파라거스 3개, 달걀 2개, 식용유 300ml, 밀가루·빵가루·소금·후춧가루 약간

- **소스 베이스** 셀러리 1줄기, 양파 1개, 당근 1/2개, 사과 1개, 월계수잎 1잎, 물 1L
- **소스 재료** 베이스 $1\frac{1}{2}$컵+토마토케첩 1/2컵+우스터 소스 $2\frac{1}{2}$큰술+타바스코 1/2큰술, 설탕 1/2큰술

만드는 방법

① 돼지고기 안심을 넓게 포를 떠서 소금, 후춧가루로 밑간한다.

② 소스 베이스 재료를 냄비에 넣어 2시간 정도 약불로 끓여 체에 걸러 소스의 베이스를 만들고, 여기에 소스 재료를 넣고 잠시 끓여 준다.

③ 당근은 깨끗이 씻어 채썰어 놓고, 새송이버섯도 당근과 같이 채썰어 준다.

④ 아스파라거스는 끓는 물에 소금을 약간 넣고 데친 뒤 찬물에 헹궈준다.

⑤ 밑간해둔 안심에 당근, 새송이버섯, 아스파라거스를 넣고 김밥처럼 말아 밀가루를 묻히고, 달걀옷을 입혀 빵가루에 굴려서 160℃ 기름에 노릇하게 튀긴다.

⑥ 튀겨진 커틀렛을 썰어서 접시에 담고 ②의 소스를 뿌려낸다.

14. 바비큐 립

재료 및 분량

돼지 등갈비 500g, 양파 1/2개, 포도주 1/2컵, 마늘가루 1큰술, 버터 1큰술, 소금·후춧가루 약간
- **소스** 칠리 소스 1컵, 우스터 소스 3큰술, 치킨 스톡 1컵
- **곁들임** 오이피클, 프렌치 프라이 포테이토(튀긴 감자)

만드는 방법

1. 돼지 등갈비를 손질하여 4~5마디 정도로 잘라 채썬 양파와 소금, 후춧가루, 마늘가루를 뿌리고 포도주를 넣어 2시간 정도 재운다.
2. 팬에 버터를 두르고 재운 등갈비를 노릇하게 굽는다(오븐에 구워도 된다).
3. 팬에 소스 재료를 넣고 끓어오르면 구워진 등갈비를 넣고 조린다.
4. 접시에 등갈비를 담고, 프렌치 프라이 포테이토와 오이 피클을 함께 담아낸다.

15 | 마리네이드한 관자와 게살, 칠리 소스를 곁들인 새우

재료 및 분량

관자 20g, 게살 20g, 새우 40g, 그린치커리 5g, 라디치오 5g, 딜 1줄기, 레몬 1조각, 바질페스토 5ml, 칠리 소스 5ml, 오일비네거 5ml, 레몬제스트 3g, 와인 2큰술, 올리브 오일 1큰술, 소금·후추가루 약간

만드는 방법

❶ 새우는 머리는 남겨두고 껍질을 벗겨내고, 관자, 게살과 함께 소금, 와인을 뿌려 찜통에 올려 찐다.

❷ 레몬제스트는 다져서 오일비네거에 섞어 둔다.

❸ 채소(그린치커리, 라디치오, 딜)는 적당한 크기로 다듬어 놓는다.

❹ 새우를 ❷에 마리네이드한다.

❺ 관자는 3등분하고, 게살은 먹기 좋은 크기로 썰어 올리브오일, 소금, 후춧가루, 레몬제스트로 마리네이드한다.

❻ 접시에 채소를 보기 좋게 올린 후 새우와 관자, 게살을 올리고 새우에는 칠리 소스를 뿌리고, 관자와 게살에는 바질페스토, 채소에는 오일비네거를 뿌린다(구운 레몬으로 장식하기도 한다).

※ 마리네이드 : 고기, 생선, 채소를 재워두는 액체상태의 양념

16 | 머스캣 젤리

재료 및 분량

청포도주스 200ml, 청포도 20g, 판 젤라틴 10g, 설탕 2큰술

만드는 방법

① 판 젤라틴은 찬물에 10~20분 정도 불려둔다.
② 냄비에 청포도주스와 설탕을 넣고 약한 불에서 설탕이 녹을 때까지 저어 준다.
③ 불린 판 젤라틴을 ②의 냄비에 넣어주고 완전히 녹을 때까지 가열한다.
④ 준비한 모양틀이나 그릇에 청포도를 넣고 판 젤라틴을 녹인 주스를 부어 준다.
⑤ ④를 냉장고에서 굳혀준 후 굳으면 접시에 담아 낸다.

17 | 오렌지 셔벗

재료 및 분량

오렌지주스(100%) 500ml, 레몬즙 5큰술, 설탕 5큰술, 오렌지제스트 1/2개

만드는 방법

① 오렌지제스트를 곱게 다진다.
② 오렌지주스와 설탕을 약한 불에 올려 설탕이 녹을 때까지 저어준다.
③ 설탕이 다 녹으면 불을 끄고 레몬즙과 다진 오렌지제스트를 넣어주고 잘 섞어준다.
④ ③을 냉동실에 넣고 얼린다. 2시간 마다 포크로 긁어 부드럽게 만들어준다.
⑤ 아이스크림 스쿱으로 퍼서 볼에 담아낸다.

완전합격
양식조리기능사 실기시험문제

발 행 일	2021년 5월 5일 개정10판 1쇄 인쇄
	2021년 5월 10일 개정10판 1쇄 발행
저 자	김명희·하재만 공저
발 행 처	크라운출판사
	http://www.crownbook.com
발 행 인	이상원
신고번호	제 300-2007-143호
주 소	서울시 종로구 율곡로13길 21
공 급 처	(02) 765-4787, 1566-5937, (080) 850~5937
전 화	(02) 745-0311~3
팩 스	(02) 743-2688, 02) 741-3231
홈페이지	www.crownbook.co.kr
I S B N	978-89-406-4437-9 / 13590

특별판매정가 16,000원

이 도서의 판권은 크라운출판사에 있으며, 수록된 내용은
무단으로 복제, 변형하여 사용할 수 없습니다.
Copyright CROWN, ⓒ 2021 Printed in Korea

이 도서의 문의를 편집부(02-6430-7029)로 연락주시면
친절하게 응답해 드립니다.